Predicar y formar predicadores en un mundo virtual

AF498529

ALEX CHIANG

PREDICAR Y FORMAR PREDICADORES EN UN MUNDO VIRTUAL

SERIE RECURSOS LANGHAM PREDICACIÓN

EDICIONES puma

Predicar y formar predicadores en un mundo virtual
Alex Chiang

© 2021 Centro de Investigaciones y Publicaciones (CENIP) – Ediciones Puma
Hecho el Depósito Legal en la Biblioteca Nacional del Perú N° 2021-14285
Primera edición impresa: diciembre 2021

Categoría: Ayudas pastorales - Predicación

ISBN N° 978-612-5026-05-7 | Edición impresa
ISBN N° 978-612-5026-07-1 | Edición digital

Editado por:
© 2021 Centro de Investigaciones y Publicaciones (CENIP) – Ediciones Puma
Apartado postal: 11-168, Lima - Perú
Av. 28 de Julio 314, Dpto. "G", Jesús María, Lima - Perú
Telf.:   (511) 423–2772
E-mail: administración@edicionespuma.org
             ventas@edicionespuma.org
Web: www.edicionespuma.org
Ediciones Puma es un programa del Centro de Investigaciones y Publicaciones
(CENIP)

Edición: Alejandro Pimentel
Diseño de carátula: Eliezer D. Castillo P.
Diagramación: Hansel J. Huaynate Ventocilla

Reservados todos los derechos
All rights reserved

Ninguna parte de esta publicación puede ser reproducida, almacenada o
introducida en un sistema de recuperación, o transmitida de ninguna forma, ni
por ningún medio sea electrónico, mecánico, fotocopia, grabación o cualquier
otro, sin previa autorización de los editores.

ISBN N° 978-612-5026-05-7

A los equipos nacionales de Langham Predicación de Perú: José, Fernando, Fiorella, Luis Alberto, Efraín y Abdías (con el apoyo invaluable de Dangelo y Swe); y de Ecuador: Eduardo, Josué, Fernanda y Félix. Sin su amistad y compromiso este libro sería solo un libro y no el testimonio de lo que hicimos juntos.

Contenido

Introducción

¿Por qué no lo hicimos antes? Es una de las frases más repetidas en América Latina por pedagogos forzados, debido a la pandemia de la COVID-19, a transitar de propuestas de enseñanzas presenciales a virtuales, a través del uso de plataformas digitales. Compartir una misma aula con un profesor y otros compañeros de estudios, dejó de ser un requisito indispensable para garantizar el aprendizaje.

Reconozco el sentimiento de nostalgia que nos embarga al recordar los tiempos cuando la mayor parte del quehacer educativo transcurría de manera presencial. Muchos maestros, y con razón, no se cansan de recordarnos aquellas dimensiones educativas donde la interacción física es vital e irremplazable para lograr un aprendizaje integral. Pero esta sensación de pérdida también alcanza a los estudiantes. Por eso, vale la pena hacer un alto en la lectura y entrar en contacto con todo lo bueno de una clase presencial, y lo que más extrañamos de ella.

Sin embargo, también hemos descubierto las ventajas y bondades de la educación a distancia, donde los objetivos pedagógicos pueden alcanzarse, igual o mejor, a través de modelos educativos en línea.

En ese sentido, la educación virtual que avalamos y promovemos es aquella donde el conocimiento es producto de la participación reflexiva y crítica de los alumnos. En la actualidad, muchos cursos por internet evidencian totalmente lo contrario.

Las tareas de predicar y formar predicadores, tema central de este libro, no son una excepción. En las siguientes páginas podrás leer ideas y propuestas metodológicas nacidas del paso obligado a capacitaciones virtuales.

Otra singularidad de este material es aprender a utilizar la plataforma digital más conocida y accesible a nivel mundial con un enfoque andragógico (la manera en que aprenden los adultos) y a diseñar talleres dinámicos e interactivos para la capacitación de predicadores.

Mucho de lo que leerás aquí es producto de la experiencia lograda por predicar frente a una cámara con auditorios vacíos, así como también en la capacitación de predicadores por medio de la plataforma Zoom.

Capítulo 1

Predicar y formar predicadores en tiempos de pandemia:

¿Por qué es necesario e indispensable?

Introducción

Cuando me preguntan a qué me dedico, sin ninguna duda respondo: a predicar y formar predicadores. Durante los largos días de esta cuarentena sin fin, me he preguntado constantemente ¿Cuán valioso y provechoso es este ministerio? Sobre todo, al ver a miles de personas enfermar y morir por causa de este infernal virus. Cuando millones quedaron sin futuro y sin trabajo, y tuvieron que decidir entre morir de hambre o morir contagiados. Cuando acceder a un balón de oxígeno o un respirador artificial marca la diferencia entre la vida y la muerte en países con sistemas sanitarios insuficientes e ineficientes.

Mi esposa trabaja para un organismo financiero internacional que ha prestado miles de millones de dólares a países en desarrollo con el fin de modernizar sus sistemas de salud, invertir en políticas de creación de empleo y fortalecer los aparatos de control de los gobiernos para combatir la corrupción.

Mi hija, en convenio con organismos públicos y privados, ha desarrollado un emprendimiento para mejorar la calidad educativa de los alumnos de colegios públicos, obligados a estudiar por internet desde sus hogares. Por medio de la movilización de cientos de jóvenes voluntarios ofrece tutorías virtuales personalizadas para complementar la propuesta pedagógica a distancia impulsada por el Ministerio de Educación.

Mientras ellas sirven a Dios como extraordinarias profesionales en el mundo secular, yo, en cambio, coordino el equipo y el programa de predicación de mi iglesia local. Como parte de mi responsabilidad he grabado tres mensajes virtuales:

- La cuarentena que cambió el mundo
- ¿Es Dios confiable?
- Cómo prepararnos para el día de la angustia

También estoy produciendo materiales pedagógicos digitalizados, algunos con otros colegas, para la instrucción de adultos en el campo de la predicación. Entre ellos:

- Pautas para dirigir grupos de formación de predicadores de manera virtual
- Pautas para predicar frente a una cámara con un auditorio vacío
- Cómo realizar un taller virtual de predicación de las Epístolas del Nuevo Testamento.
- Cómo realizar un taller virtual de formación de coordinadores de escuelitas de predicadores.

Por causa de la cuarentena, mi esposa, hija y yo hemos transformado la sala de nuestra casa en precarias oficinas. Cuando las veo y escucho trabajar, no dejo de agradecer a Dios por el impacto directo y visible que sus acciones tienen para aliviar los estragos de esta prolongada crisis sanitaria y social que azota nuestro país.

Pero a la vez tengo que confesar, muy adentro mío, que lucho con un fuerte sentimiento de culpa, al comparar mi trabajo con el de las mujeres de mi familia. Siento que no hago nada realmente significativo. Esta autocrítica se acrecienta aún más, al conocer los millares de personas que combaten titánicamente esta enfermedad, desde quienes pelean en la primera línea de batalla como médicos, enfermeras y el personal de limpieza de los centros hospitalarios, hasta los gobernantes que toman decisiones que afectan a toda la población de un país, en especial a los más vulnerables. De ahí surge esta necesaria e incómoda pregunta: ¿Cuán valioso es un ministerio de predicación y formación de predicadores en medio del drama global que golpea nuestro mundo?

Buscando respuestas a este asfixiante cuestionamiento, fue muy oxigenante para mí reflexionar alrededor de la cuarentena que el Espíritu agendó para Jesús al prepararlo para iniciar su ministerio como predicador itinerante y formador de la primera generación de predicadores cristianos como lo relata Mateo 4.1-11.

En las tres magistrales réplicas que Jesús dio a cada una de estas descomunales tentaciones sufridas en el desierto de Judea, encontré un nuevo ánimo y varias razones para continuar comprometido con la misión de predicar y formar predicadores, sobre todo, en tiempos de la pandemia.

1. El valor de predicar permanentemente la Palabra de Dios

«No sólo de pan vivirá el hombre sino de toda palabra que sale de la boca de Dios».

Qué fácil resulta hablar así, para una familia como la mía, quienes hemos podido mantener los ingresos y continuar nuestras labores desde casa. Dios fue inmerecidamente generoso al ser parte de una minoría muy privilegiada en mi país. El sustento nunca nos ha faltado.

Pero el que respondió así, lo hizo desde un hambre insoportable, luego de cuarenta días sin comer de manera voluntaria. En medio de esta situación extrema, donde cada célula de su cuerpo le exige y grita por alimento, la primera tentación resulta imposible de resistir:

«Si eres Hijo de Dios, di que estás piedras se conviertan en pan».

Estas palabras son una incitación para usar el poder divino en beneficio propio, pero no sólo para calmar su descomunal hambre, sino también la de millares de campesinos pobres y explotados dispuestos a seguir a cualquier líder que les asegure la subsistencia diaria. Así que, en el fondo, es una propuesta para ejercer su naciente ministerio como un político populista, tan abundantes en nuestra realidad latinoamericana, y no como el siervo sufriente anunciado por los profetas de Israel.

Pero en una realidad invivible donde las únicas opciones son comer o morir, donde llenar el vientre vacío se presenta, con todo derecho, como el «todo de la existencia», Jesús logra percibir otra clase de hambre, la cual no es posible saciar con pan, así haya sido antes una piedra.

En un contexto de múltiples necesidades físicas insatisfechas, como las producidas por la COVID-19, hay que ser muy osado (o muy iluso e insensible) para pronunciar estas palabras, por muy ciertas que sean. Que hay necesidades en la vida que no se satisfacen con el pan terrenal, sino con el único pan que es capaz de saciar la totalidad de la vida: La Palabra de Dios.

Cuando Dios creó al ser humano le dijo: «de todo árbol del huerto podrás comer…». Por lo tanto, nadie mejor que nuestro Hacedor sabe que «de pan vive el hombre» y su Hijo lo reafirmó al enseñarnos a orar diciendo «el pan nuestro de cada día dánoslo hoy». Además, Jesucristo se convierte en respuesta a esta súplica cuando multiplica los panes y da de comer a las multitudes hambrientas.

Pero el diablo distorsiona la bendición y el deleite de comer que debía llevar a los seres humanos a una relación de dependencia y gratitud con su Creador y su prójimo. La reduce y limita a una necesidad. De esa manera, la existencia humana queda simplificada a un agotador esfuerzo por asegurar la subsistencia y el bienestar. Esto alcanza sus efectos más contraproducentes, cuando las personas en aras de alcanzar el éxito económico están dispuestas a sacrificarlo todo, incluyendo sus familias. Por lo tanto, esta bella verdad: «de pan vivirá el hombre», se convierte en una horrenda mentira: «sólo de pan vivirá el hombre».

Este es el fundamento de la sociedad consumista sobre la cual se han construido los cimientos de la economía moderna. Esta lógica demoniaca sostiene y promueve la brutal destrucción del medio ambiente. Avala la explotación desenfrenada de nuestros recursos naturales en un mundo donde «para ser feliz hay que comprar». Esta es la raíz, acorde a la mayoría de los científicos, de la aparición de la pandemia que hoy azota la humanidad. Esto nos obliga a recrear formas más saludables de relacionarnos con nuestro entorno ecológico si queremos evitar que esta traumática experiencia se vuelva cíclica en nuestra historia.

Jesús rechaza la filosofía de vida deshumanizante que está detrás del «sólo de pan vivirá el hombre», y pone un tajante «NO» por delante y declara categóricamente: «no solo de pan vivirá el hombre». Así, no sólo restaura la verdad creacional que «de pan vive el hombre» sino también dignifica a la persona humana al definirla como un ser multidimensional. Por eso, la misión de Jesús (y la de nosotros sus seguidores) incluye saciar las necesidades corporales y sentidas de la gente, pero no queda atrapado en ellas, las atraviesa, y satisface las carencias que solo la predicación de la Palabra de Dios puede cubrir. Ahora podemos entender mejor su revolucionara afirmación: «no sólo de pan vivirá el hombre, sino de toda Palabra que sale de la boca de Dios».

Estas palabras, pronunciadas por nuestro Señor hambriento, renovaron en mí la pasión por continuar predicando la Palabra de Dios en todo tiempo, pero sobre todo en circunstancias tan críticas como las actuales, donde la mayor tentación es agotar todos nuestros recursos en satisfacer las necesidades temporales legítimas de los seres humanos. Si dejamos de proclamar la Palabra de Dios, el diablo podría salir triunfante donde Jesús lo derrotó.

2. El valor de predicar fielmente la Palabra de Dios

Si la primera tentación afirma lo necesario e imprescindible de predicar la Palabra de Dios, la segunda tentación evidencia que no toda predicación contribuye a la construcción de un mundo más saludable. Este relato, por muy confrontador que parezca, nos revela que en esencia solo hay dos maneras de predicar: «predicar como el diablo o predicar como Jesús». El diablo representa la anti-predicación, de la cual debemos distanciarnos. Jesús, en cambio, refleja la clase de predicación a emular. Leamos este texto bíblico desde la perspectiva de un ministerio de formación de predicadores:

El diablo usa para su sermón el Salmo 91, versos 11 y 12:

«A sus ángeles mandará acerca de ti, y, en sus manos te sostendrán, para que no tropieces con tu pie en piedra».

Jesús expone Deuteronomio 6 verso 11:

«No tentarás al Señor tu Dios».

Miren la manera en que estos dos predicadores citan impecablemente las Escrituras hebreas para sustentar su comprensión de la voluntad de Dios. Por lo tanto, la diferencia entre estos modelos de predicación no radica en que uno mencione textos de las Escrituras y el otro no. En ese sentido, vale la pena recordar que el diablo también predica y emplea la Biblia.

A partir de este relato, si Jesús predica y el diablo también lo hace, ¿cómo entonces reconocemos la predicación bíblica? Un distintivo ineludible radica en una sencilla y a la vez desafiante palabra: «exégesis».

De ser esto cierto, la «exégesis» sobre la cual se construye un sermón va a determinar si finalmente uno predica como Jesús o no.

Si la exégesis es tan crucial en un sermón, ¿qué es? Yo la definiría como el esfuerzo reflexivo por descubrir, en dependencia del Espíritu Santo y hasta donde sea posible, la intención del autor humano al escribir una parte de las

Escrituras bajo la inspiración de Dios. En pocas palabras, es la permanente búsqueda por ser fiel a la enseñanza de un texto de la Biblia.

Continuemos adentrándonos en el relato para comprender el valor incalculable de una predicación exegéticamente fiel.

En esta tentación, el diablo cita la Palabra de Dios como lo haría cualquier predicador contemporáneo. Pero su interpretación del texto bíblico refleja la ausencia de una sana exégesis. Esto le permite manipular y distorsionar las Escrituras en aras de sus destructivos intereses. Desfigura mortalmente una declaración de confianza en Dios en un desafío para probar a Dios. Y lo hace sencillamente trastocando una afirmación: ¡Dios es confiable! en un cuestionamiento: ¿Es Dios confiable? El Salmo 91 nos asegura la presencia bondadosa de Dios cuando atravesamos situaciones difíciles y riesgosas. Pero, en la boca del diablo, se desfigura en una impersonal obligación divina para rescatarnos cada vez que innecesariamente pongamos nuestras vidas en peligro por nuestra propia necedad. («tírate abajo», le incitó el diablo a Jesús).

Jesús, como buen exégeta, ve claramente el error (u horror) detrás de esta forma diabólica de interpretar y la refuta tajantemente con otra porción de las Escrituras.

A diferencia del diablo, la interpretación que Jesús ofrece de los versos del capítulo 6 del libro de Deuteronomio, es exegéticamente impecable. Veamos el texto completo, tal como aparece originalmente en el Pentateuco:

> «No tentaréis a Jehová vuestro Dios, como lo tentasteis en Masah».

El nombre Masah, aparece en el capítulo 17 del libro del Éxodo, el cual narra el momento cuando el pueblo de Israel fue liberado del yugo egipcio, bajo innumerables pruebas del amor y poder de Dios. Ahora llevan semanas caminando por un ardiente desierto y enfrentan la amenaza de una mortal escasez de agua. Como consecuencia, no solo cuestionan la autoridad de Moisés, sino también se rebelan contra Dios. Los hebreos dudan si Dios, quien los sacó de Egipto, tiene también el poder de sostenerlos en su peregrinaje hacia la tierra prometida. En otras palabras, el pueblo le pide a Dios que les demuestre que es mejor rey que el Faraón.

De ahí que la provisión sobrenatural de agua no era solo para calmar su sed, sino también, para disipar cualquier duda de su presencia poderosa y misericordiosa entre ellos.

Jesús percibe que la duda de Masah, es la misma que el diablo quiere provocar en su vida interpretando erradamente el Salmo 96, como ya vimos.

Durante esta pandemia hemos visto y oído múltiples predicaciones con marcos exegéticos muy pobres y deficientes, que interpretan esta plaga contemporánea como un castigo divino o una señal del fin del mundo. Otros usan la Biblia para justificar teorías de conspiración dirigidas contra la iglesia, exigiendo mantener las reuniones presenciales como expresión de nuestra obediencia y confianza en Dios.

En estos tiempos turbulentos, cuán vital es oír la voz de Dios, que siempre da trabajo, aunque no siempre empleo; que siempre sana, aunque no siempre cura; que siempre vivifica, aunque no siempre nos libra de la muerte. Pero esto sólo será posible formando una generación de predicadores fieles a Dios y a su Palabra. No estoy seguro, si es muy arriesgado decir que una buena exégesis le salvó la vida a Jesús, cuando rechazó la exigencia satánica de «tirarse abajo» desde la parte más alta del templo de Jerusalén. Pero sí estoy plenamente seguro de que, de una correcta interpretación de la Biblia, depende la vida o la muerte de nuestros pueblos.

3. El valor de predicar aplicando correctamente la Palabra de Dios

Si la segunda tentación reafirma el inmenso valor de la exégesis, la tercera tentación hace lo mismo con la hermenéutica, que es el arte de aplicar al mundo contemporáneo las verdades expuestas en la Palabra de Dios.

En este relato, el diablo busca encandilar y seducir a Jesús para que le adore. Para ello, emplea una hermenéutica basada en ofertas y promesas ilusorias, pero inmensamente atractivas.

Luego de mostrarle «todos los reinos de este mundo y la gloria de ellos», le dice:

«Todo esto te daré, si postrado me adorares».

Le ofrece a Jesús el bien más codiciado sobre la tierra: «poder», y sus infaltables beneficios como riqueza, prestigio, placer, privilegios, entre otros, por el cual los seres humanos estarían dispuestos a todo para poseerlo, inclusive adorar al diablo. En pocas palabras: «yo pondré el mundo a tus pies si tú te pones a mis pies».

Con esta oferta irresistible, el diablo quiere deslumbrar a Jesús. Esto no implica «dejar de adorar a Dios», o tener que elegir entre adorar a Dios o adorar al diablo. Por el contrario, muy sutilmente desliza que se puede adorar a los dos a la vez.

«Todo esto te daré» resuena en la boca de muchos predicadores en nuestros días. Estas palabras atraen multitudes sedientas de poder, y ofrecen lo mismo que el diablo le prometió a Jesús «los reinos de este mundo y la gloria de ellos».

Esta forma de aplicar la Palabra de Dios evidencia una hermenéutica muy popular, pero a la vez dañina y defectuosa.

Se anima a las personas a adorar a Dios movido por el interés («todo esto te daré») y bajo la lógica de una transacción (tú me das, yo te doy: «todo esto te daré si…») pero en vez de pedir que adoren al diablo, exigen una jugosa ofrenda económica.

Frente a ello, Jesús declara con las pocas fuerzas que le quedan:

«Al Señor tu Dios adorarás, y a él sólo servirás».

A diferencia de la manera en que el diablo exige que se le adore, a Dios se le adora por el hecho de ser Dios y punto. Se le adora, sin agendas escondidas ni motivaciones ocultas. Se le adora sin esperar recibir nada a cambio. No hay lugar a ninguna clase de transacción.

Aunque la Biblia y la experiencia nos enseña los múltiples beneficios que recibimos cuando adoramos a Dios, nunca debemos hacerlo motivados por ellos. Jesús define la adoración a Dios en el contexto de una relación exclusiva («a él solo servirás») donde no hay lugar para ninguna otra persona u objeto de adoración. Por lo tanto, Jesús debía confiar únicamente en Dios y en nadie más, para llevar a cabo su misión. Qué extraordinaria manera de aplicar las Escrituras por parte de Jesús.

En tiempos de pandemia, muchos predicadores sinceros, pero con hermenéuticas deficientes, ofertan a sus audiencias milagros de curación y prosperidad económica. Pero al hacerlo, terminan prometiendo mucho más de lo que la Biblia autoriza, produciendo el efecto contrario: grandes críticas y profundas desilusiones.

Construir bien los puentes para que crucen solo las verdades eternas desde el mundo bíblico al mundo contemporáneo, en el momento de aplicar la Palabra de Dios, es una manera de acercar a las personas más a Jesús y alejarlos más del diablo.

Conclusión

Luego de derrotar al diablo en las áridas tierras de Palestina, Mateo describe con estas palabras la tarea inmediata a la que Jesús se abocó:

«Desde entonces comenzó Jesús a predicar…» (Mt 4.17)

Preguntas

1. *¿Qué es lo que más recuerdas al terminar de leer este capítulo?*

____

____

____

____

____

____

2. *¿Qué emoción despertó en ti leer este capítulo?*

____

____

____

____

____

____

3. *¿Qué acción concreta tomarías luego de leer este capítulo?*

____

____

____

____

____

____

____

____

Primera parte

Predicar en el mundo virtual

Capítulo 2

El predicador hace «clic»

¿Cómo predicar por medio de las redes sociales?

Introducción

De un momento a otro, gobiernos, laboratorios, empresas, financistas y científicos tuvieron que trabajar arduamente en torno a un mismo objetivo. Esta concentración de esfuerzos ha permitido, en un tiempo récord, el desarrollo de vacunas contra la COVID-19, responsable de la primera pandemia de alcance global con su consecuente secuela de dolor, enfermedad y muerte.

En una situación parecida, pero en un contexto particularmente diferente, se encuentran hoy muchos predicadores. De un día para otro, se han visto obligados a sentarse frente a una cámara para predicar o grabar sus mensajes, con el objetivo de ser proyectado a través de las redes sociales. Como nunca antes, los predicadores alrededor del mundo deben preguntarse seriamente respecto al papel de la tecnología en la misión de la iglesia. De ello depende que los miembros de nuestras iglesias continúen nutriéndose de la Palabra de Dios en tiempos donde reunirse en un mismo espacio geográfico resulta imposible.

La circunstancia descrita nos llama la atención porque, más allá de la anécdota, los predicadores han sido quienes más se han resistido a aceptar el aporte de la tecnología en su ministerio. Aunque, los predicadores más jóvenes han logrado abrir el camino un poco más, todavía hay muchos que consideran que las computadoras no son más que una ayuda opcional, y no un recurso ministerial en sí mismo. A pesar de que la tecnología se encuentra en los medios de comunicación, en la ciencia, en la política y en el mundo empresarial, se encuentra lejos de cambiar a los defensores de la predicación tradicional.

Es posible que parte del prejuicio de los predicadores hacia el uso de las redes sociales haya tenido su origen en el ruido con el cual arribó la revolución digital. Los encantos de la tecnología —sus imágenes, sus sonidos y su velocidad— pertenecían al mundo secular y no contribuían al cultivo de la verdadera espiritualidad. También había fuertes críticos hacia sus contenidos. Los celulares solo servían para comunicarse y las computadoras se habían convertido en consolas hechas exclusivamente para jugar. El internet solo era una realidad virtual (si es que no un oscuro plan conspiratorio para tener controlado el mundo). La tecnología empezó a ser vista como un objeto vacío que solo cobraba validez cuando servía a un propósito humano muy concreto. Por más novelas, enciclopedias, manuales y películas que se grabaran en la memoria de un ordenador, este nunca alcanzaría a tener la dignidad de un libro.

El estado de excepción que se vive hoy podría tomarse como un mero paréntesis o como una gran oportunidad para cambiar, de una vez, la perspectiva con que hasta ahora se ha comprendido la era de la informática. Es cierto que la adaptación es lenta y que llevará a muchos por caminos desconcertantes, pero por el momento es el único modo de ponerse en contacto con la realidad. Tal vez hay muchos predicadores que todavía piensen que lo que aparece en una pantalla es pura ilusión, pero es muy probable que las personas que lo escuchan no lo crean así. De hecho, ni siquiera se lo preguntan.

(Adaptado por Alex Chiang del artículo de Mario Granda Rangel
«El profesor hace click»)

Pautas para predicar frente a una cámara con un auditorio vacío

«Ausente en cuerpo, pero presente en espíritu» (Col 3.5)

¿Cómo exponemos la Palabra de Dios cuando nuestra voz e imagen serán trasmitidas en vivo a través de la fría cámara de un celular o equipo de video, o serán grabadas y editadas para su posterior presentación?

¿Cómo suplimos la ausencia de personas mientras predicamos? La falta de miradas cómplices expresando vívidamente si hemos capturado su interés o no. Cuando no vemos el movimiento vertical de los rostros avalando nuestra fidelidad al texto bíblico. Al no percibir el silencio reflexivo acompañado a veces con alguna lágrima en respuesta a la voz de Dios oída e internalizada. Sin las sonrisas de premio al uso sabio del humor didáctico. Cuando no resuenan los vibrantes «amén» con que muchas congregaciones latinoamericanas respaldan al predicador para no sentirse solo en el púlpito, y por supuesto, sin el infaltable rostro aburrido y soñoliento que nos exige mejorar nuestros contenidos y estilos de comunicación.

A continuación, algunas recomendaciones para tener en cuenta a la hora de predicar frente a una solitaria cámara, cuando ya no tenemos el regalo de un auditorio a quien mirar, al momento de proclamar la Palabra de Dios.

1. Sé breve.

Aunque ya existía un debate alrededor del tiempo de duración de un sermón, es evidente que el nivel de atención es menor al mirar y escuchar a un predicador a través de una pantalla, en comparación a verlo y oírlo presencialmente. Esto demanda una disminución del tiempo de duración de nuestros mensajes. De esa manera, los nuevos auditorios virtuales podrán asimilar mejor los contenidos de las exposiciones bíblicas. En general, la tendencia global en cuanto la duración de una predicación presencial bordeaba entre los 25 a 35 minutos. Un buen promedio de tiempo para predicar a través de una pantalla sería de 15 a 25 minutos, y si podemos hacerlo en menos tiempo mejor.

Un consejo cuando predicamos para ser vistos a través de las redes sociales es exponer porciones bíblicas más cortas. Esto puede implicar que el desarrollo de una serie bíblica tome más tiempo de lo acostumbrado. Por ejemplo, si predicar presencialmente un libro de la Biblia con pocos capítulos nos tomaría un mes, ahora, predicarlo virtualmente nos podría tomar dos meses. Si fuera un libro de la Biblia más extenso, podríamos seleccionar los capítulos más representativos o solo exponer una parte del libro.

2. Sé auténtico

Todo predicador debe estar dispuesto a mejorar sus estilos de comunicación como una expresión de amor por quienes lo escuchan. Esto se torna aún más imprescindible cuando predicamos a través de plataformas virtuales. Pero las personas que te ven y oyen por medio de una pantalla deben sentir que sigues siendo el mismo que predicabas frente a ellos en la iglesia. Podemos aprender mucho viendo a predicadores con más experiencia que nosotros en la comunicación online, pero no debemos imitarlos pensando que Dios no puede usarnos tal como somos.

3. Mira a la cámara.

Uno de los temas prácticos más importantes es mantener tu mirada en el lente de la cámara y no en tu imagen proyectada en la pantalla, si estás grabando con un celular. Así tu comunicación será más cálida y personal. Al mirar el lente, las personas cuando te vean a través de sus pantallas harán contacto visual contigo y sentirán que hablas con ellos.

Reconocemos que hay muchas maneras de predicar. Existen predicadores que escriben la totalidad de sus mensajes y luego con gran habilidad lo leen apasionadamente en público. Al leer nuestros sermones podemos controlar mejor y aminorar el tiempo de duración del sermón. Apreciando sus ventajas, debemos reconocer que no es el mejor formato para comunicarnos por medio de las redes sociales. Tiende a perder frescura y espontaneidad en la comunicación, tan valorados en el mundo virtual. Si usas notas para ayudar a tu memoria, escríbelas con letras suficientemente grandes para poder ser leídas a relativa distancia y ubícalas lo más cerca de la cámara. De esa manera evitarás bajar constantemente el rostro si las tienes debajo de tu cabeza, como tradicionalmente se hace. Esta es una ventaja que nos da la predicación virtual que no siempre es posible en la predicación presencial. Puede demandar un poquito más de trabajo y creatividad, pero, pedagógicamente, vale la pena el esfuerzo.

Aunque miramos a una cámara debemos hacer el esfuerzo de imaginar personas sentadas, escuchando el mensaje que predicamos. Ubica a una persona real o imaginaria detrás de la cámara a quien mires durante la predicación.

Una manera de darle dinamismo a la exposición, sobre todo en predicaciones más coloquiales, es acercar el cuerpo o el rostro a la cámara, sin dejar de ver el lente, cuando deseas ser más personal e informal. Debemos ubicar la cámara a la altura de nuestros ojos evitando proyectar la parte del cuerpo donde el cuello se une a la cara.

4. No mires siempre a la cámara.

Intercambia vistas de frente y perfil a lo largo de tu presentación. De vez en cuando, mientras predicas, gira el rostro hacia un lado levemente por algunos segundos para luego volver a mirar al lente de la cámara. También puedes grabar con dos cámaras fijas o una fija y otra móvil, siempre y cuando sea posible editarla previa a su trasmisión. Así romperás la monotonía visual y dinamizarás la comunicación en beneficio de la audiencia.

Un buen momento para emplear esta herramienta de comunicación es cuando afirmes verdades centrales durante la exposición.

5. Incluye imágenes

De ser posible, proyecta en la pantalla diapositivas y fotos para respaldar las partes (ej. bosquejo) y contenidos (ej. ilustraciones) de tu predicación. Al hacerlo producirás cambios visuales y variación de ritmos en el desarrollo de toda tu exposición. Los auditorios virtuales mantienen una «atención flotante» y es fundamental captar continuamente su interés. Por eso los estímulos deben ser múltiples, con una estética atractiva, capaz de cautivar por todo el tiempo que dure nuestra predicación. En la nueva economía de la atención, la fragmentación, la dispersión, y la falta de concentración y profundidad son elementos para considerar y vencer. Por eso es necesario generar cambios de escena entre tu persona y las distintas representaciones que proyectes en la pantalla. Es otra manera de romper la monotonía visual y destacar los contenidos principales a comunicar.

Por ejemplo, puedes usar una foto para captar el interés inicialmente, o una diapositiva donde muestres el trabajo exegético realizado. Con otra imagen destaca la aplicación de tu mensaje y una buena foto para la conclusión. En una predicación de quince minutos, no uses más de tres imágenes y en una de veinticinco minutos no más de cuatro. Cuídate de no abusar con el uso de fotos y diapositivas hasta el punto de atentar contra lo central de tu predicación y volverse una fuente de distracción. En resumen, el propósito de incluir imágenes es mantener la atención a través de cambios de escenas en la pantalla y clarificar los contenidos principales de tu exposición.

6. Amplifica tus gestos

Si la comunicación no verbal tenía un gran valor en la predicación presencial, mucho más en la virtual. «Exagera» sabia y moderadamente la magnitud de tus gestos, para captarse mejor al ser proyectados a través de una pantalla, sobre todo, si es tan pequeña como la de un celular. Imagina que estás en una habitación muy grande hablándole a una persona que está al extremo opuesto de donde te encuentras. Esto de ningún modo implica gritar.

Siempre es mejor equivocarnos hablando un poco más alto que muy bajo. Recuerda que las personas que nos escuchen a través de la pantalla pueden regular el volumen del equipo al nivel que les agrade.

La expresión facial, el contacto visual, el movimiento de nuestras manos etc. respaldan las verdades que estamos predicando. Aunque los predicadores no somos actores, esperamos que nuestro lenguaje corporal trasparente refleje vívidamente las convicciones que arden en nuestros corazones.

7. Prevé y evita distracciones.

Muchas de estas grabaciones no ocurren en un estudio profesional donde los ruidos molestos y las interrupciones jamás ocurren, sino, muchas veces, en el hogar del propio predicador donde convive con otras personas. Mucha bulla incómoda puede ocurrir y terminar dañando la filmación hasta el punto de que sea necesario volverla a realizar. Desde el timbre de la casa, pasando por el sonido de los celulares y hasta los ladridos de la mascota etc. son ejemplos de interrupciones que debemos tratar de impedir o aminorar en la medida de lo posible. Aunque hay programas que pueden eliminar sonidos no deseados de una grabación, es mucho mejor evitarlos. Si hay personas presentes en el lugar, avísales cuando estés a punto de comenzar para que guarden silencio. Usa preferiblemente ropa de color entero, ya que camisas o camisetas con rayas o jaspeados tienden a distraer a las personas que nos miran a través de sus pantallas.

8. Mírate a ti mismo.

Evalúa las predicas que grabas. Presta atención a tus virtudes y falencias que necesitan ser corregidas. De manera especial, observa tus expresiones faciales, movimiento de ojos y manos, manejo de la voz y el uso de muletillas. Hazlo en diferentes tamaños de pantallas (celular, laptop y televisor grande), en la medida de ser posible. Así verás cómo te perciben las personas en los diferentes equipos. No hay manera que mejores sino te miras y escuchas una y otra vez. Podemos también, aprender de otros predicadores con más experiencia. No solo prestes atención a los contenidos de su exposición sino también la manera en que se desenvuelve frente a una cámara sin audiencia presente.

9. De la cámara a toda la tierra.

Cuando predique, emplea un lenguaje y estilo de comunicación comprensible por auditorios no religiosos. Es probable que tu mensaje sea trasmitido más allá de las personas para quienes lo preparaste originalmente. Reenviar mensajes con temáticas contemporáneas a parientes y amigos es una práctica muy común en el mundo virtual.

10. Predica la Palabra de Dios

Más allá si te encuentras en un auditorio vacío o atiborrado de gente, predica frente a la cámara con la convicción y seguridad de quien ha sido llamado por Dios, enviado por Jesucristo y empoderado por el Espíritu para esta gloriosa tarea. Recuerda que Dios ha establecido la locura de la predicación como el instrumento por medio del cual su salvación llega a los seres humanos. «Los templos pasarán, pero la Palabra de Dios siempre permanecerá».

Preguntas

1. ¿Qué es lo que más recuerdas al terminar de leer este capítulo?

____

____

____

____

____

____

____

2. Si leer este capítulo despertó alguna emoción, ¿cuál fue?

____

____

____

____

____

____

3. ¿Hay alguna acción concreta que tomarías luego de leer este capítulo? ¿Cuál sería?

____

____

____

____

____

____

____

Capítulo 3

Modelo de predicación virtual

Cómo prepararse
para el día de la angustia

Habacuc 3.16-19

A. Lee el bosquejo descriptivo

Introducción

- ¿Qué es lo que más temes en la vida?
- El testimonio de una madre que perdió a su hijo
- ¿Cómo prepararse para aquello que no es posible prepararse?

Cuerpo

Tres consejos para prepararnos para el día de la angustia:

1. Vive con realismo

- Verdad permanente: Ser personas buenas o cristianos fieles no nos libera de poder experimentar las más terribles calamidades.

- Amplifica la verdad: Las personas justas y piadosas esperan de parte de Dios un trato distinto y mejor.
- Explica: Habacuc es el ejemplo de un hombre íntegro: Ha amado, obedecido y servido a Dios como muy pocos en el Antiguo Testamento. Pero, a pesar de ello, Dios no lo libró de la calamidad producida por la invasión del Imperio Babilonio.
- Ilustra: La enfermedad y muerte de dos líderes cristianos muy destacados y reconocidos.
- Aplica. ¿Qué nos queda a nosotros los cristianos comunes y corrientes?

2. Disfruta sin aferrarte

- Verdad permanente: Deléitate en todo lo que Dios o la vida te ha dado, sea mucho o poco, sea producto de tus buenas decisiones o a pesar de ellas… pero no las vuelvas indispensables para vivir.
- Amplifica la verdad: Deléitate si tienes: pareja, hijos, salud, casa, auto, buen trabajo, etc.
- Explica: El presente de Habacuc era próspero y abundante (todo lo opuesto al v. 17).
- Ilustra. El deporte (juega cada día como si fuera el último). Los hijos jóvenes (yo los voy a dejar antes que ellos me dejen). Voy a aprender a vivir sin ellos ahora que están conmigo.

3. Alégrate en Dios

- Verdad permanente: Si Dios es la fuente de tu alegría cuando todo va bien, lo seguirá siendo cuando todo vaya mal.
- Amplifica la verdad: Si Dios no fue la fuente de tu alegría cuando todo estaba bien, es casi imposible

hacerlo la fuente de tu alegría cuando todo esté mal.
- Explica: Dios invita a Habacuc a alegrarse en él antes que el día de la angustia llegue.
- Ilustra: Ej. vale la pena amar si es tan duro perder (cuando mi esposa o yo nos tengamos que despedir). Por eso no debemos aferrarnos.

Conclusión

De un Dios que no salva (1.2) a un Dios que salva (3.18)
- Habacuc descubre a Dios como su salvador en su determinación de no salvar a su pueblo de la inminente invasión babilónica.
- La salvación de Dios es mucho más grande que librarte de los problemas del presente, aunque muchas veces lo hace.
- Proyectar video https://www.youtube.com/watch?v=sh4DEg47c00
- Dios nos salva a través de la determinación de no salvar a su propio hijo.
- Cuál era el mayor temor de una persona en los tiempos de Jesús: Morir crucificado.
- Dios no libró ni a su propio Hijo del día de la angustia. Y nadie como Jesús para enseñarnos cómo prepararse para el día de la angustia.
- Vivió con realismo, disfrutó sin aferrarse y su relación viva con Dios su Padre fue su fuente más grande de alegría.

B. Mira la prédica.

https://www.youtube.com/watch?v=hZNBwSe35S4

Preguntas

1. *¿Qué recuerdas más al terminar de ver esta predicación?*

____

____

____

____

____

____

2. *¿Qué emoción despertó en ti ver esta predicación?*

____

____

____

____

____

____

3. *¿Qué acción concreta tomarías luego de ver este mensaje?*

____

____

____

____

____

____

Segunda parte

Formar predicadores en el mundo virtual

Capítulo 4

Cómo enseñar aprovechando la plataforma Zoom

Introducción

Muchos de nosotros no escogimos enseñar a través de plataformas virtuales. Fuimos empujados debido a las restricciones que trajo la pandemia alrededor del mundo. Durante la transición obligada de propuestas pedagógicas presenciales a virtuales, descubrimos, muy a pesar nuestro, que varios objetivos educacionales pueden alcanzarse sin necesidad que maestros y alumnos compartan el mismo espacio geográfico al mismo tiempo.

Esto en ningún momento significa negar que una clase remota se sienta muy, pero muy distinta a una presencial. Solo para citar un ejemplo, en una clase en-línea los estudiantes lucen como si hubieran sido aplastados en una pantalla.

Este capítulo busca potenciar los procesos de aprendizaje cuando enseñamos utilizando la plataforma Zoom. No busco abarcar todo lo que sea posible hacer ni convertir al lector en un especialista en el uso de este medio de comunicación digital. Sencillamente anhelamos ser capaces de utilizar pedagógicamente las principales funciones de esta plataforma para generar un taller dinámico y altamente participativo (y no una clase monologal o seminario web).

Parto del presupuesto que la plataforma Zoom no te es desconocida. Seguro que has tenido la oportunidad de disfrutar sus bondades y limitaciones en alguna reunión o evento de formación. Espero que ya conozcas las funciones básicas de esta plataforma, esto es:

1. Levantar la mano para solicitar la palabra.
2. Activar el micrófono para hablar.
3. Emplear el chat público y privado para escribir.
4. Elaborar votaciones para elegir entre varias afirmaciones.
5. Formar sesiones de grupos pequeños para trabajo en equipo.
6. Compartir pantalla para ver imágenes o videos.

Es muy importante antes de continuar, si no sabes manejar alguna de estas funciones, que veas algunos de los tantos videos que puedes encontrar navegando por internet. Particularmente te recomiendo los tutoriales de la misma plataforma: *https://support.zoom.us/hc/es*

Cómo lograr la participación de los estudiantes

La plataforma zoom permite a los participantes involucrarse en su aprendizaje de cinco maneras:

1. Comunicación verbal.
2. Comunicación escrita.
3. Comunicación por votación.
4. Comunicación grupal
5. Comunicación audiovisual.

Veamos cada una de ellas:

1. Comunicación verbal

Una sesión pedagógica virtual se empobrecería mucho si no escuchamos la voz de los participantes expresando sus opiniones, preguntando o respondiendo. En ese sentido un buen termómetro para saber cuán participativo fue el taller es medir el tiempo que hablaron los estudiantes en comparación con el tiempo que habló el facilitador.

Debemos recordar que generar participación en un aula virtual toma más tiempo. Los especialistas recomiendan que trates de abarcar un 25% (yo me atrevería a decir 50%) menos de contenidos en comparación a los desarrollados en una clase presencial. Pero también es más complejo producir la interactividad cuando no están todas las personas reunidas en el mismo lugar, por ello la elaboración de un taller virtual demanda más preparación y creatividad.

El uso de preguntas que generen reflexión e interacción entre los participantes es una herramienta educativa irremplazable para generar participación y aprendizaje. Pero el propio facilitador debe evitar la tentación de responder a sus preguntas. Luego de lanzar una pregunta, permite un tiempo de silencio reflexivo antes de escuchar las respuestas.

Otra opción que se debe tener en cuenta es solicitar, antes del inicio de la reunión, a alguno o varios de los estudiantes preparar con anticipación su participación bajo tus indicaciones. Estas contribuciones con «aviso previo» permite agilizar la sesión y elevar la calidad de sus intervenciones.

Siempre habrá un porcentaje del total de los participantes un poco más retraído para hablar, por lo tanto, es bueno decir de vez en cuando: «Démosle la palabra a una persona a quien aún no hemos oído».

Para permitir y facilitar la intervención de los estudiantes la plataforma Zoom cuenta con dos funciones muy útiles: «levantar la mano» y «activar o desactivar el micrófono».

En el momento en que tú lo indiques o cuando el estudiante lo decida puede expresar visiblemente su deseo de compartir su opinión o preguntar utilizando la función «levantar la mano» de Zoom. Y si la palabra le es concedida por el facilitador utilizando la función «activar micrófono», el estudiante podrá ser oído por todos. Recuerda que normalmente los micrófonos de los estudiantes deben estar desactivados durante la sesión.

2. Comunicación escrita

Otra estrategia muy útil para dinamizar el taller virtual es pedirles a los participantes que escriban sus reflexiones usando la función «chat» de la plataforma Zoom.

Sobre el mejor uso de esta herramienta no hay consenso entre los pedagogos. Unos permiten a los estudiantes emplearla con total libertad, otros en cambio prefieren ponerle límites. Y también hay quienes impiden tajantemente su uso.

Uno de los aspectos pedagógicos más apreciados respecto al uso del «chat» es abrir un espacio durante el taller donde los participantes puedan enseñarse unos a otros sin necesidad de la intermediación del facilitador.

El uso más frecuente del «chat» es para responder a las preguntas que el facilitador ha planteado a los participantes. A diferencia de las respuestas verbales, donde son menos las posibilidades de participación (solo puede hablar una persona a la vez), las respuestas escritas vía «chat» no tiene ningún límite en el número de personas que pueden escribir.

Es una manera muy adecuada para saber rápidamente qué opinan los participantes respecto a algún tema en particular del taller. Ten en cuenta a la hora de formular la pregunta, que la respuesta sea capaz de resumirse en pocas líneas. No olvides que cuanto más estudiantes participen más breve debe ser la respuesta. Una manera de hacerlo es comunicar a los estudiantes cuántas palabras o frases deben contener sus mensajes.

Para promover la claridad, siempre es bueno proyectar visualmente la tarea sobre la cual los estudiantes deben expresar sus opiniones vía «chat».

Vale la pena destacar que la función «chat» en Zoom se puede emplear en dos modalidades: pública (abierta o grupal) y privada (cerrada o personal). Recuerda que cuando un participante escribe usando el chat público todos pueden leer lo que escribe. Cuando se usa de manera privada, nadie más podrá leer su mensaje excepto la persona a quien se lo envía. Es muy útil cuando se quiere enviar un mensaje al facilitador o a un compañero en particular. Un ejemplo práctico del uso del chat personal es asignar a una persona específica en caso de que algún participante experimente problemas técnicos.

Aunque algunos capacitadores dejan a los participantes usar el «chat» público a su libre discreción, según mi experiencia es mejor utilizarlo para momentos planificados del taller y bajo la solicitud y supervisión del facilitador. Debemos a toda costa evitar que el chat se vuelva una fuente de distracción innecesaria.

Si piensas usar la función «chat» en un taller con un gran número de inscritos considera tener un asistente que pueda leer y filtrar los mensajes enviados. Esta persona seleccionaría las intervenciones más significativas para que sean comentadas durante la sesión. También queda abierta la posibilidad de invitar a uno de los estudiantes a ampliar verbalmente su contribución escrita haciendo uso de su micrófono.

3. Comunicación por votación.

Esta es una herramienta muy adecuada para conocer rápidamente la opinión de los participantes y su nivel de comprensión respecto a algún tema específico por medio de una encuesta, donde es posible elegir una respuesta entre varias opciones.

Así como el uso de la función «chat», la posibilidad de realizar votaciones promueve la participación en un tiempo relativamente corto. Dependiendo del objetivo pedagógico a alcanzar la respuesta marcada por los estudiantes puede ser secreta o no.

Si la votación es secreta debes usar la función Zoom «votación». Si deseas conocer cómo votó cada participante debes usar los «botones que aparecen en la parte inferior de la lista de participantes» (Los participantes pueden marcar: si, no, ir más despacio, ir más rápido etc.). Recuerda que si usas la función «votación» debes preparar la encuesta antes del inicio de la sesión. Si usas los «botones de la lista de participantes» puedes elaborar la encuesta antes o durante el taller. También puedes usar una combinación de estos dos recursos.

Trata siempre de profundizar la información obtenida a través de la encuesta manifestando tus impresiones y generando un intercambio de opiniones entre todos los participantes, por supuesto, en la medida que sea factible. Pero nunca presentes información como si fuera un fin en sí mismo.

El uso de las elecciones múltiples no secretas le da la oportunidad al facilitador de saber cómo ha votado cada participante, permitiéndole un seguimiento más personalizado. Por ejemplo, si alguien votó en una dirección muy distinta del resto, puedes pedirle que explique la razón de su elección. Esta herramienta se potencializa más, cuando las dos únicas opciones son «sí o no» o «verdadero o falso». Aunque es posible emplearla con un mayor rango de opciones.

Otra manera más creativa y rápida para clases con pocos participantes (no más de 20) es mostrar el pulgar hacia arriba, si su respuesta es sí, y si es no, mostrar el pulgar hacia abajo etc.

4. Comunicación grupal

La función «sesión de grupos» permite dividir a todos los participantes en equipos más pequeños para interactuar de forma separada del resto. El facilitador puede transitar por las diferentes pequeñas aulas virtuales y cuando lo decida volverlos a reunir a todos.

Para mí es una de las funciones pedagógicas más valiosas que ofrece la plataforma Zoom. Poder separar a todos los asistentes al taller en varios subgrupos les permite comprometerse mucho más en el proceso educativo. Promovamos estos espacios donde los adultos compartan sus conocimientos y experiencias, y así generar momentos para aprender unos de otros. Al asignarles a los grupos una tarea a realizar o una pregunta a responder los estamos convirtiendo en agentes activos de su propio aprendizaje.

El trabajo en grupos crea una presión visible a todos los estudiantes para motivarlos a participar. Así evitamos las potenciales y comunes distracciones presentes en los encuentros virtuales.

Dentro de las distintas funciones de Zoom, «sesión de grupos» es la que más recrea una atmósfera parecida a la presencial. Genera conversaciones espontáneas que permiten conocer mejor a otros participantes. Es un espacio vital para construir una atmósfera más afectiva y generar un mayor sentido de comunidad.

Por supuesto, la división en grupos también tiene sus riesgos. El más grade de ellos es no aprovechar el tiempo de una forma eficiente y significativa según los objetivos pedagógicos propuestos. Por eso, lo más importante para usar de manera provechosa esta herramienta es comunicar con claridad la tarea a ejecutar y cerciorarse que el tiempo asignado sea realizable.

Desde mi perspectiva, esta función es la joya pedagógica de la plataforma Zoom y trato de emplearla para profundizar o interiorizar la enseñanza más importante del taller. Solo se justifica su uso por el gran beneficio que recibirán los participantes al utilizarla, debido al alto consumo de tiempo que demanda su uso.

Ten en cuenta que luego del trabajo en equipo, se espera que todos o algunos de los grupos compartan los resultados de la tarea asignada. Busca siempre maneras creativas de guiar sus conclusiones para evitar repetir los mismos comentarios. Por ejemplo, luego de la presentación de un grupo, pregunta si hay otro que quiera añadir o completar algo que no haya sido dicho hasta aquí.

La función «sesiones de grupos» puede utilizarse para formar grupos al azar o con personas definidas.

Hacerlo de manera aleatoria es operativamente mucho más simple y no requiere ningún trabajo previo. Otra de sus ventajas es obligar a los participantes a relacionarse con compañeros que no son de su entorno inmediato.

Formar grupos más personalizados requiere mayor trabajo y planeación. Zoom permite dos maneras de hacerlo. Subir a la plataforma una lista previa con los grupos ya definidos (esto se puede hacer antes o durante la reunión) u organizarlo manualmente durante la sesión.

Una de las razones para formar grupos con personas específicas es porque estas comparten una característica o interés común. Esto permite darle una identidad al equipo y potencializar las interacciones. Por ejemplo, reunirlos por años de experiencia, interés, edad, sexo etc.

A la hora de pensar en la cantidad de personas que deben integrar un grupo ten en cuenta este principio: Cuanto más pequeños sean los grupos habrá más interacción entre ellos y necesitarán, normalmente, menos tiempo para el cumplimiento de la tarea requerida. Algunos especialistas aconsejan de dos a tres personas para responder preguntas y de 4 a 6 personas como máximo para desarrollar actividades. Debes tener en cuenta que la plataforma Zoom tiene limitaciones en cuanto a la cantidad de grupos que se pueden formar (dependiendo del plan adquirido varía de 20 a 50 grupos).

El tiempo de duración de la sesión en grupos debe estar en función de la naturaleza de la tarea requerida y la cantidad de personas que integran los grupos. Un consejo de los expertos es no bajar de 5 minutos para responder una pregunta y no menos de 10 minutos para realizar alguna tarea. Ten en cuenta, si quienes integran el grupo no se conocen, deberás considerar por lo menos un minuto más para presentaciones de rigor. Pero si no estás seguro de cuánto tiempo necesitaría un grupo, siempre tiende a dar un poco más de tiempo.

Ten presente que la asignación manual de grupos solo es posible si la cantidad de participantes es pequeña. Si el grupo es numeroso, tomará mucho tiempo hacerlo. Una manera de agilizar la división en grupos es pedir a un asistente que lo prepare mientras el taller se desarrolla. Para facilitar el proceso, pídeles a los estudiantes que se renombren según su número de grupo (Ej. 1-Ana Gonzales). De esa manera serán reagrupados de manera más ágil y ordenada.

5. Comunicación Audiovisual

Los estudiantes pueden proyectar también alguna imagen o video abierto en la pantalla de su computador. Para ese propósito, la plataforma Zoom posee la función «compartir pantalla». Normalmente se emplea para respaldar visualmente alguna presentación solicitada antes o durante la reunión. Recuerda que el anfitrión de la sesión de Zoom debe habilitar el acceso nombrando coanfitrión a quien vaya a hacer uso de esta función.

Puede haber presentaciones más artesanales. Por ejemplo, durante el taller, un estudiante puede colocar frente a la cámara una hoja de papel donde está diagramado el resultado de su trabajo para que todos lo puedan observar.

Preguntas

1. *¿Cuál es la mayor fortaleza de este capítulo?*

____

____

____

____

____

____

2. *¿Cuál es la mayor debilidad de este capítulo?*

____

____

____

____

____

____

3. *¿Qué añadirías o quitarías de este capítulo?*

____

____

____

____

____

____

Capítulo 5

Pautas para el uso de plataformas virtuales en la formación de predicadores

La crisis sanitaria global ha forzado a las instituciones educativas a transitar de modelos presenciales a virtuales. Las propuestas respecto a la formación de predicadores no han sido una excepción. Estas pautas deben ser tomadas como recomendaciones y sugerencias. Están dirigidas a quienes facilitan procesos de capacitación por medio de plataformas digitales en general. Pero, de manera especial, a los coordinadores de las escuelitas de predicación, que sirven bajo el ministerio de Langham Predicación en América Latina, como un complemento a la formación recibida para esta función.

A. Prepárate para la reunión

1. Incluye en tu oración la bendición del Señor para que nos permita tener una buena conexión de internet.

2. Conoce la capacidad de conectividad de los participantes. Esto permitirá escoger la plataforma de video llamada más conveniente para la reunión. Si hay participantes de bajos recursos económicos con planes muy limitados de acceso a internet, se puede explorar

la posibilidad de ofrendar una recarga de datos a su celular. Anhelamos que nadie deje de participar por falta de recursos económicos.

3. Escoge un lugar privado y sin interrupciones para conectarte e invita a los participantes a hacer lo mismo.

4. Motiva a los participantes a conectarse con audio y video. Pero da libertad a quienes desean hacerlo solo con audio. Las realidades de las personas son muy variadas.

5. Crea un grupo de WhatsApp con todos los participantes para coordinar y compartir información exclusiva sobre el ministerio. Enfatiza esto último, porque las personas están cansadas de recibir mensajes no solicitados.

6. Invierte en mejorar tu nivel de conectividad y anima a los participantes a hacer lo mismo.

7. Invita a los participantes a estar presentables sobre todo si se conectan con video. Puede ser incómodo ver a personas en «pijamas acostados en una cama».

8. Convoca la sesión a una hora fija para empezar y terminar. Los participantes necesitan saber con claridad cuánto tiempo van a estar conectados. La gente ya está saturada de reuniones virtuales.

9. Enseña a los participantes a usar las funciones de la plataforma de video llamada que usarán para la reunión.

B. Preside la reunión

1. Permite unos minutos de tolerancia antes del inicio de la reunión, por causa de posibles demoras en la conexión.

2. Procura acortar los tiempos de la reunión, agilizando el programa. Ten en mente que no todos tienen planes ilimitados de internet. Para varios participantes cada minuto conectado cuesta. Por ejemplo, en el tiempo de «Orar la Palabra» asigna con anticipación quienes leerán los textos bíblicos y guiarán los tiempos de oración. Ganarás valiosos minutos.

3. Permite tanto la predicación en vivo como la grabación y a los participantes poder mirarla antes del inicio de la reunión. Así, las personas estarán mejor preparadas para compartir sus impresiones y se podrá pasar directamente al tiempo de evaluación del mensaje. Otra opción intermedia es grabar la predicación con anticipación y proyectarla el día en que todos estén conectados. Cada participante puede elegir la modalidad que prefiera.

4. Asigna anticipadamente las preguntas de evaluación a los participantes para mejorar sus intervenciones y acortar el tiempo de la reunión.

5. No saludes a quienes se conectan tardíamente ni aguardes la reconexión de quienes abandonaron la reunión por problemas técnicos.

6. Respeta el tiempo asignado a cada momento de la reunión. Una vez cumplido este, pasa a la siguiente parte del programa.

C. Fomenta el aprendizaje en la reunión

1. Recuerda generar una atmósfera afectiva durante la sesión. Sustituye el saludo de las reuniones presenciales por un abracito virtual.

2. Graba el encuentro para evaluación propia y para quienes no pudieron conectarse o se vieron obligados a salir por problemas con su internet. Bórralo posteriormente si lo almacenaste en algún lugar con memoria limitada.

3. Considera en vez de una reunión mensual larga, tener dos reuniones mensuales más cortas. Así podrías usar plataformas digitales gratuitas que poseen un tiempo de uso limitado (la plataforma Zoom ofrece 40 minutos). Este tiempo sería más que suficiente si la predicación fuera grabada y observada por los participantes antes de la reunión.

4. Siempre y cuando sea posible, posterga las conversaciones que surjan de necesidades personales que los participantes hayan expresado durante la reunión.

5. Aprende a utilizar la función «compartir pantalla» para dinamizar la reunión. Por ejemplo, presentar el texto bíblico que se va a orar y predicar o el bosquejo del mensaje.

Preguntas

1.   *¿Cuál es la mayor fortaleza de este capítulo?*

____

____

____

____

____

____

____

2.   *¿Cuál es la mayor debilidad de este capítulo?*

____

____

____

____

____

____

____

3.   *¿Qué añadirías o quitarías de este capítulo?*

____

____

____

____

____

____

____

Cómo enseñar a predicar aprovechando la plataforma Zoom

Propuestas de talleres virtuales

A. Taller virtual de predicación: Género discursivo

El uso del lenguaje figurado en la predicación: El ejemplo de la carta de Santiago.

Primera parte

1. Los participantes observarán el video: «visitando al oftalmólogo» *https://www.youtube.com/watch?v=JjLE U7jMwu4*

2. Luego de observar el video, los participantes escribirán la respuesta a la pregunta: ¿Qué relación tiene el video con la predicación? usando la función del «chat» público. El facilitador leerá algunas respuestas, ofreciendo breves comentarios donde corresponda.

3. Los participantes responderán la pregunta ¿Qué principio podemos aprender del video para

comunicarnos con claridad? Usando la herramienta «levantar la mano» se permitirá a 3 personas compartir sus respuestas oralmente.

4. El facilitador proyectará una diapositiva con la siguiente frase:

«Hablamos como vemos».
Para hablar bien hay que ver bien.

a. El facilitador ofrecerá una breve reflexión sobre la conexión entre comunicación clara (hablar bien) y la interpretación correcta del texto bíblico (ver bien).

Segunda parte

1. Los participantes leerán una diapositiva con extractos seleccionados del capítulo 1 del libro de Santiago (Stg 1.6, 10-11, 18, 23 y 26).

2. Los participantes nacidos en enero, febrero y marzo identificarán las imágenes literarias relacionadas con fenómenos de la naturaleza. Los nacidos en los meses de abril, mayo y junio identificarán las imágenes literarias relacionadas con el mundo natural y vegetal. Los nacidos en los meses de julio, agosto y setiembre identificarán las imágenes literarias relacionadas con objetos inanimados y, finalmente, los nacidos en los meses de octubre, noviembre y diciembre identificarán imágenes literarias relacionadas con la anatomía humana.

3. Los participantes de manera ordenada, empezando por los nacidos en el primer trimestre del año escribirán sus hallazgos usando la función «chat» público. Luego se proyectará una diapositiva con las respuestas correctas como se presenta a continuación.

Fenómenos naturales
- Ola del mar (1.6)
- Viento (1.6)
- Sol (calor) (1.11)

Mundo natural y vegetal
- Flor (1.10-11)
- Primicias (1.18)

Objetos inanimados
- Espejo (1.23)
- Freno (1.26)

Anatomía humana
- Rostro (1.23)
- Lengua (1.26)

4. Los participantes marcarán, entre varias opciones de respuesta, la que piensen sea la correcta. Esta encuesta se realizará usando la función «votación». Luego de proyectar porcentualmente las respuestas de los participantes para cada pregunta, el facilitador indicará la respuesta correcta. El desarrollo será metáfora por metáfora.

Pregunta: ¿Qué realidad está siendo representada por la siguiente figura literaria o metáfora?:

Primera metáfora: Ola del mar
- La transitoriedad de la vida
- La Palabra de Dios
- La inestabilidad de la vida (respuesta correcta)
- La persona misma

Segunda metáfora: Flor
- La transitoriedad de la vida (respuesta correcta)

- ◆ La Palabra de Dios
- ◆ La persona misma

Tercera metáfora: Espejo
- ◆ La persona misma
- ◆ La Palabra de Dios (respuesta correcta)

Cuarta metáfora: Rostro
- ◆ La persona misma (respuesta correcta)
- ◆ Ninguna de las anteriores

5. Usando la función del «chat» público, los participantes responderán la siguiente pregunta: ¿Por qué Santiago utiliza metáforas o imágenes literarias cuando escribe? El facilitador puede leer y comentar las respuestas que considere apropiadas.

Tercera parte

1. Los participantes se dividirán en grupos pequeños usando la función «sesión de grupos» (asigne dos minutos por cada participante. Por ejemplo, grupos de 4 personas necesitarán 8 minutos). Cada equipo formado debe responder la siguiente pregunta: A partir de lo trabajado hasta aquí, ¿Cómo definirías la homilética y por qué es importante al preparar un sermón?

2. Proyecte a los participantes una diapositiva con la siguiente definición de homilética:
«Es el arte y ministerio de ordenar las ideas que surgen del texto bíblico y de expresarlas de tal forma que sean asumidas por un auditorio particular» (Jorge Atiencia).

3. Los participantes deben comparar la definición anterior de homilética con la definición compartida

en su grupo. ¿Qué diferencias encuentras? Usando la función «chat» privado, ubica y escribe a una persona de tu equipo de trabajó las diferencias encontradas.

4. Proyecta una diapositiva con la siguiente frase que expresa uno de los mayores propósitos de la homilética: «Cómo te lo digo para que no lo olvides»

Termina con una breve reflexión en torno a Juan 14.16 sobre el papel que juega el Espíritu Santo para grabar la Palabra de Dios en la vida de quienes la escuchan.

B. Taller virtual de predicación: Género narrativo

Estudiando interactivamente un artículo sobre predicación:

1. Los participantes leerán silenciosamente el artículo *Narrativa bíblica* escrito por Milton Acosta (tomado del Comentario Bíblico Contemporáneo, Anexo 2) el cual será editado siguiendo una numeración secuencial de cada párrafo, para que el lector pueda rápidamente ubicarlo. El artículo será proyectado en una diapositiva usando la función «compartir pantalla». (Si es posible se enviará el artículo previamente al email o WhatsApp de los participantes para que pueda ser accesible durante el taller).

2. Usando la función «chat» público, los participantes responderán las siguientes preguntas, las cuáles serán proyectadas empleando diapositivas. Luego de cada pregunta se proyectará una diapositiva con la

respuesta correcta respectiva, así cada participante podrá evaluar si contestó o no satisfactoriamente.

Complete los espacios vacíos para cada pregunta:

3. ¿Cuáles son las 7 partes de un relato bíblico? (párrafo 1)
    - P_______________
    - D_______________
    - T_______________
    - E_______________
    - P_______________
    - T_______________
    - F_______________

4. ¿Qué es la trama? (párrafo 2)
    - Los _____________ narrados en _______________ a lo largo de un periodo de __________________.

5. ¿Cómo es la estructura de los relatos más cortos y sencillos? (párrafo 3)
    - _______________pio.
    - _______________ción.
    - _______________ce.

6. Diga si las siguientes frases son verdaderas o falsas: (párrafo 4)
    - «Todo relato se escribe desde muchos puntos de vista» ( )
    - «En un relato alguien le cuenta algo a alguien para que haga algo» ( )

7. Complete la siguiente frase sobre los relatos bíblicos: (párrafo 5)
    - «se trata de relatos escritos desde una P___________ T___________

8. Comparta dos razones por las que los predicadores y maestros de la Biblia deben contar historias: (párrafo 6)
    - Potencial para el R_________________
    - Poder C____________

9. ¿Quién es el narrador? (párrafo 7)
    - La P__________ que nos está C______________ la historia.

10. ¿Por qué es importante conocer la perspectiva del autor bíblico o el punto de vista desde el que se cuenta la historia? Marque la respuesta correcta: (párrafo 8 y 9)
    - Una visión unificada de múltiples componentes en el relato. ( )
    - Determina qué se cuenta y cómo. ( )
    - Identifica qué recursos narrativos y retóricos se usan para captar la atención del lector y mantener su interés. ( )

11. Cuáles son los detalles íntimos en los siguientes textos bíblicos: (párrafos 10-14)
    - Génesis 6.6 Dios se A___________________
    - Génesis 6.8 Noé halló F_____________ delante de Dios
    - 2 Samuel 11.27 Al Señor le D________ lo que David había hecho.
    - 1 Reyes (inicio) El narrador S________ lo que sucede en su habitación privada (del anciano Rey David)
    - 2 Reyes 5.11 El narrador nos hace partícipes de lo que Naamán está _____________

12. En los textos narrativos siempre habrá que prestar atención: (párrafo 15)
    - Qué _______ el relato.
    - La forma en que lo ________.

C. Taller virtual de predicación: Género poético

Cómo predicar el libro Cantar de los Cantares: El amor en tiempos de pandemia.

1. Orar la Palabra (15 minutos)
    - Leer Cantares 8.6-7 en tres versiones. (Proyectarlos con diapositivas)
    - Asignar a tres personas para que lean los textos bíblicos.
    - Asignar a tres personas para que oren inspirados en los textos bíblicos leídos. (Quienes leen pueden ser los mismos que oren)

2. Exposición breve del texto que se leyó (parte 1) (7 minutos)

3. Video: *https://www.youtube.com/watch?v=MnoXHW4H qjs* (6 minutos)

4. Trabajo en grupos de cinco personas (10 minutos)
    - ¿Qué es lo más difícil cuando se predica un texto poético? ¿La exégesis, la hermenéutica o la homilética? (¿Por qué?)
    - Cada grupo elige una persona para compartir las respuestas de su grupo en la sesión plenaria.

5. Plenaria (10 minutos)
    - La persona elegida por cada grupo comparte lo discutido en su grupo.

- El número de personas que hablan lo determina el tiempo asignado para esta actividad.

6. Exposición breve (parte 2) (7 minutos)

7. Video:*https://www.youtube.com/watch?v=8rWJMJmbvwU* (6 minutos)

8. Trabajo individual (3 minutos)
   - Identifica cuántas metáforas hay en Cantares 5.10-16 (proyectar con diapositiva)

9. Plenaria (10 minutos)
   - Tres personas comparten su respuesta.
   - Reflexión: Cómo encontrar los principios permanentes detrás de las metáforas poéticas.

10. Video *https://www.youtube.com/watch?v=JeTxGCZH99o* (8 minutos)

11. Formar grupos de 5 personas (10 minutos)
    - ¿Qué temas puedo predicar desde Cantar de los Cantares?

12. Plenaria (10 minutos)
    - Participaciones individuales sobre lo discutido en grupos.

13. Preguntas libres de los participantes

14. Exposición breve y ministración final (parte 3) (7 minutos)

Preguntas

1. *¿Cuál es la mayor fortaleza de este capítulo?*

____

____

____

____

____

____

____

2. *¿Cuál es la mayor debilidad de este capítulo?*

____

____

____

____

____

____

____

3. *¿Qué añadirías o quitarías de este capítulo?*

____

____

____

____

____

____

____

Cómo enseñar a predicar aprovechando la plataforma Zoom

Propuesta para cursos virtuales

A. Curso virtual de predicación: Cómo predicar las epístolas del Nuevo Testamento

Descripción del curso

El curso durará 4 semanas con 21 módulos en total. Se desarrollan 5 módulos por semana. El último modulo será el de clausura.

Habrá tres clases de módulos. Individuales, grupales y plenarios. Los módulos individuales serán 12, tendrán una duración máxima de 1/2 hora cada uno y el horario será definido a conveniencia del propio participante. Los módulos grupales serán 4, tendrán una duración máxima de hora y media y el horario será establecido por el facilitador asignado para dirigirlo con todo el grupo. Los módulos plenarios serán 5, tendrán una duración máxima de una hora y el horario será establecido por el equipo responsable del curso.

Por cada grupo que se forme se invitará a un facilitador experimentado para presidirlo.

Los participantes invertirán un promedio de cuatro horas por semana.

La epístola que se trabajará será la Carta de Santiago.

Se incorporarán contenidos de las siguientes plataformas educativas cristianas:

* RightNow Media. *https://www.rightnowmedia.org/es*
* Proyecto Biblia. *https://bibleproject.com/espanol/*
* Tercer Milenio. *http://espanol.thirdmill.org/*

Solo el uso de la plataforma RightNow Media demanda suscripción. Las otras dos son gratuitas.

También utilizaremos algunos capítulos de los siguientes libros:

* «Cómo predicar el Nuevo Testamento», de Mark Meynell.
* «Lectura eficaz de la Biblia», de Gordon Fee y Douglas Stuart.
* «Predicando con variedad», de Jeffrey Arthurs.

El libro «Cartas que transforman», de Daniel Salinas, servirá de guía para los módulos grupales y la elaboración del sermón. Se entregará una copia impresa o digital a cada participante.

Se formará un grupo de WhatsApp con todos los participantes, el cual servirá como medio de comunicación. Por este medio, se enviarán los enlaces para acceder a las lecturas y videos de los módulos individuales, así como los enlaces para conectarse a través de la plataforma Zoom para las reuniones plenarias. Cada grupo también creará su propio grupo de WhatsApp para coordinar el día y hora de reunión, así como enviar el enlace para acceder a la plataforma Zoom (o la que ellos elijan).

Desarrollo del curso

Primera semana: Énfasis en la exégesis.

Módulo 1: Bienvenida, aprender a «Orar la Palabra», predicación, ministración, taller, presentación del curso (sesión plenaria).
1. Orar el texto bíblico: Santiago 1.13-18
2. Proyectar predicación pregrabada. (Plataforma RightNow, Santiago, capítulo 1.13-18 por Francis Chan (duración 8 minutos).
   a. Ministración.
   b. Evaluación del Sermón.
   c. Taller interactivo: La intención del autor e importancia.

Módulo 2: El tema central de una epístola — primera parte. ¿Qué dice el autor? (sesión individual)
1. Video: El libro de Santiago (Proyecto Biblia).
2. Escriba en el chat grupal al que pertenece: ¿Qué ha sido lo más significativo del video? y ¿por qué?

Módulo 3: El tema central de una epístola — segunda parte. ¿Por qué lo dice el autor? (Sesión individual)
1. Lectura: Entender el motivo específico de las Epístolas (Capítulo 8 del libro «Cómo leer y predicar el Nuevo Testamento» de Mark Meynell)
2. Escriba en el chat grupal al que pertenece: ¿Qué ha sido lo más significativo de la lectura? y ¿por qué?

Módulo 4: El tema central de una epístola — tercera parte. ¿Por qué lo dice el autor? (Sesión individual)
1. Video: Introducción al libro de Santiago (Tercer Milenio) (El video se dividirá en tres partes. Ver la primera parte)

2. Escriba en el chat grupal al que pertenece: ¿Qué ha sido lo más significativo del video? y ¿por qué?

Módulo 5: Preparándonos para predicar (sesión grupal)
1. Reunión de grupos pequeños bajo la dirección de un facilitador con experiencia.
2. Trabajar la guía para la elaboración del sermón: «Cartas que transforman» de Daniel Salinas.
3. Los participantes deben responder las preguntas de la página 48.
4. Trabajar la exégesis de Santiago 5.7-11

Segunda semana: Énfasis en la exégesis.

Módulo 6: Orar la Palabra, predicación, ministración y taller interactivo (sesión plenaria).
1. Orar el texto bíblico. Santiago 2.1-13
2. Proyectar predicación pregrabada. (RightNow, Santiago, capítulo 2.1-13. Francis Chan).
3. Ministración.
4. Evaluación del sermón.
5. Taller interactivo. La intención del autor, ¿cómo encontrarlo?

Módulo 7: El tema central de un párrafo de una epístola —primera parte. ¿Qué dice el autor? (Sesión individual)
1. Video: Introducción al libro de Santiago (Tercer Milenio) (parte 2)
2. Escriba en el chat grupal al que pertenece: ¿Qué ha sido lo más significativo del video? y ¿por qué?

Módulo 8: Estudiar los detalles de una epístola (sesión individual)
1. Lectura Interactiva: Capítulo 9 del libro «Cómo leer y predicar el Nuevo Testamento» de Mark Meynell.

2. Escriba en el chat grupal al que pertenece: ¿Qué ha sido lo más significativo de la lectura? y ¿por qué?

Módulo 9: El tema central de un párrafo de una epístola — segunda parte. ¿Por qué lo dice el autor? (sesión virtual)
1. Video: Introducción al libro de Santiago (Tercer Milenio) (parte 3)
2. Escriba en el chat grupal al que pertenece: ¿Qué ha sido lo más significativo del video? y ¿por qué?

Módulo 10: Preparándonos para predicar (sesión grupal)
1. Reunión por grupos pequeños bajo la dirección de un facilitador con experiencia.
2. Trabajar en la guía para la elaboración del sermón: «cartas que transforman» de Daniel Salinas.
3. Los participantes deben responder las preguntas de la página 51.
4. Trabajar la exégesis de Santiago 5.7-11

Tercera semana: Énfasis en la hermenéutica.

Módulo 11: Orar la Palabra, predicación, ministración y taller interactivo (sesión plenaria).
1. Orar el texto bíblico: Santiago 3.1-5
2. Proyectar predicación pregrabada. (RightNow, Santiago, capítulo 3.1-5, Francis Chan).
3. Ministración.
4. Evaluación del Sermón.
5. Taller interactivo: Contextualizando una epístola.

Módulo 12: Introducción a la hermenéutica — primera parte (sesión individual)
1. Video: «La sabiduría en Santiago» (Tercer Milenio) (El video se dividirá en tres partes, ver primera parte)

2. Escriba en el chat grupal al que pertenece: ¿Qué ha sido lo más significativo del video? y ¿por qué?

Módulo 13: Introducción a la hermenéutica — segunda parte (sesión individual)

1. Lectura: «Las Epístolas: Las preguntas hermenéuticas» (Capítulo 4 del libro «Lectura Eficaz de la Biblia» de Gordon Fee y Douglas Stuart)
2. Escriba en el chat grupal al que pertenece: ¿Qué ha sido lo más significativo de la lectura? y ¿por qué?

Módulo 14: Introducción a la hermenéutica — tercera parte (sesión individual)

1. Video: «La sabiduría en Santiago» (Tercer Milenio) (parte 2)
2. Escriba en el chat grupal al que pertenece: ¿Qué ha sido lo más significativo del video? y ¿por qué?

Módulo 15: Preparándonos para predicar (sesión grupal)

1. Reunión por grupos bajo la supervisión de un facilitador con experiencia.
2. Trabajar en la guía para la elaboración del sermón: «Cartas que transforman» de Daniel Salinas.
3. Responder las preguntas de las páginas 52-53
4. Trabajar la hermenéutica de Santiago 5.7-11

Cuarta semana: Énfasis en la homilética.

Módulo 16: Orar la Palabra, predicación, ministración y taller (sesión plenaria).

1. Orar el texto bíblico: Santiago 4.13-17
2. Proyectar predicación pregrabada. (RightNow, Santiago, capítulo 4.13-17, Francis Chan)
3. Ministración.

4. Evaluación del Sermón.
5. Taller interactivo: El uso del lenguaje figurado en la predicación. (Un modelo de este taller lo encontrarás en la página…)

Módulo 17: Introducción a la homilética — primera parte (sesión individual).

1. Video: Metáforas en la poesía bíblica (Proyecto Biblia).
2. Escriba en el chat grupal al que pertenece: ¿Qué ha sido lo más significativo del video? y ¿por qué?

Módulo 18: Introducción a la homilética — primera parte (sesión individual)

1. Lectura: Las Epístolas: un lado de la conversación. (Capítulo 8 del libro «Predicando con variedad» de Jeffrey Arthurs)
2. Escriba en el chat grupal al que pertenece: ¿Qué ha sido lo más significativo de la lectura? y ¿por qué?

Módulo 19: Introducción a la homilética — segunda parte (sesión individual)

1. Video: «las cartas del Nuevo Testamento: el contexto literario». (Proyecto Biblia)
2. Escriba en el chat grupal al que pertenece: ¿Qué ha sido lo más significativo del video? y ¿por qué?

Módulo 20: Preparándonos para predicar y prácticas de predicación (sesión grupal)

1. Dos personas de cada grupo predicarán y recibirán el regalo de una evaluación afirmadora y pastoral.
2. El facilitador guiará la evaluación.
3. El texto a predicar será: Santiago 5.7-11

Quinta semana: Clausura.

Módulo 21: Predicación final, ministración y clausura (sesión plenaria).

1. Orar la Palabra: Santiago 5.7-11
2. Predicación en vivo.
3. Ministración.
4. Obsequio de libros impresos o digitales.
5. Evaluación del programa.
6. Oración y enmiendas finales.

B. Curso virtual de predicación: Cómo entrenar facilitadores en el campo de la formación de predicadores.

Descripción del curso

El curso durará 4 semanas con 12 módulos en total. Se desarrollan 3 módulos por semana. El último modulo será el de clausura.

Habrá tres clases de módulos: individuales, grupales y plenarios. Los módulos individuales serán 7, tendrán una duración máxima de 40 minutos cada uno y el horario será definido a conveniencia del propio participante. Habrá un solo módulo grupal y la hora será definida por cada grupo. Los módulos plenarios serán 4, tendrán una duración máxima de una hora y el horario será establecido por el equipo responsable del curso.

Cada participante contará con el libro de Alex Chiang, «Cómo enseñar a predicar», en versión impresa o digital.

Se formará un grupo de WhatsApp con todos los participantes y que servirá como medio de comunicación. Por este medio se enviarán los enlaces para acceder a las lecturas y videos de los módulos individuales, así como los enlaces para conectarse a través de la plataforma Zoom para las reuniones plenarias.

Cada grupo pequeño también formará su propio grupo de WhatsApp para coordinar el día y hora de reunión, así como proveer el enlace para acceder a la plataforma Zoom.

Desarrollo del curso

Primera semana

Módulo 1: Bienvenida y aprendizaje de la «lectura orante de las Escrituras» (sesión plenaria).
1.	Bienvenida, oración y presentación del taller.
2.	Pautas para «Orar la Palabra».
3.	Práctica de «Orar la Palabra»: Lucas 3.21-22
4.	Reflexión breve: Jesús se prepara

Módulo 2: Jesús, modelo de coordinador (sesión individual).
1.	Observar video: «Jesús modelo de coordinador». *https ://www.youtube.com/watch?v=qZz0XnSQS1I&t=15s*
2.	Profundizar la predicación.
    *	Después de ver la predicación, responder la siguiente pregunta: ¿Cuáles son los 4 roles que Jesús encarnó y modeló para sus discípulos? Enviar su respuesta al equipo responsable del curso.

Módulo 3: Cómo formó Jesús a sus primeros predicadores (sesión individual)
1.	Leer el capítulo 2 del libro «Cómo enseñar a predicar»
2.	Profundizar la lectura
    *	Después de la lectura, responder las preguntas al final del capítulo.

3. Escribir y enviar preguntas surgidas por la lectura al facilitador para abordarlas en el siguiente módulo.

Segunda semana

Módulo 4: Profundizar el contenido de la primera semana (sesión plenaria)
1. Orar la Palabra: Lucas 5.15-16
2. Reflexión breve: Jesús se prepara.
3. Seleccionar, ordenar y proyectar las preguntas enviadas en el módulo anterior.
   ◆ Los participantes responderán primero.
   ◆ El facilitador responderá al no hacerlo correctamente ningún participante.
4. Formar grupos de 3 personas.
   ◆ Responder y compartir las preguntas 1 y 2 de la pág. 34 del manual «como enseñar a predicar».
5. Usando la función «votación» en una plenaria general, proyectar el espectro de respuestas a la pregunta 1. Comentar las respuestas.
6. Compartir las respuestas a la pregunta 2 en una plenaria general.
   ◆ Solo compartirán algunos participantes.
   ◆ Dar preferencia a quienes tienen una buena conexión.

Módulo 5: Sesión de un grupo pequeño on-line (sesión individual)
1. Mirar el video: «como dirigir un grupo pequeño virtual».
   https://www.youtube.com/watch?v=3e_r1oGMPPQ&t=1s
2. Identificar y escribir el programa de la reunión. Enviar su respuesta al equipo responsable del curso.

Módulo 6: Desarrollando buenas prácticas de enseñanza-aprendizaje (sesión individual)

1. Leer el capítulo 3 del manual «como enseñar a predicar»
2. Después de la lectura, responder las preguntas al final del capítulo. Enviar la respuesta a la pregunta 1 al equipo responsable del curso.
3. Escribir y enviar las preguntas surgidas por la lectura al equipo responsable del curso.

Tercera semana

Modulo 7: Profundizar el contenido del módulo anterior (sesión plenaria)

1. Orar la Palabra: Lucas 6:12-16
2. Breve reflexión: Jesús Preside
3. Seleccionar, ordenar y proyectar las preguntas enviadas en el módulo anterior.
    ♦   Los participantes responderán primero.
    ♦   El facilitador responderá al no hacerlo correctamente ningún participante.
4. Formar grupos de 3 personas.
    ♦   Responder y compartir las preguntas 1 y 2 de la pág. 47 del manual «como enseñar a predicar».
5. Usando la función «votación» en la reunión plenaria se mostrará el espectro de respuestas a la pregunta 1.
6. Compartir las respuestas a la pregunta 2 en la reunión plenaria.
    ♦   Solo compartirán algunos participantes.
    ♦   Dar preferencia a quienes tienen una buena conexión.

Módulo 8: La escuelita virtual de predicación (sesión grupal)

1. Invitar a facilitadores con experiencia. Se buscará contar con un facilitador por cada siete participantes.
2. Cada facilitador recibirá con anticipación el nombre y el número de WhatsApp de cada uno de los participantes bajo su responsabilidad para formar un grupo de WhatsApp con todos ellos.
3. El facilitador entrará en contacto con los participantes asignados y acordarán el día y hora en que se reunirán por no más de 40 minutos vía Zoom.
4. El facilitador delegará con anticipación las responsabilidades propias de una reunión grupal (conocida también como escuelita de predicación) para la formación de predicadores: orar la palabra, lectura del texto bíblico, predicar, evaluación y reporte de lectura del capítulo del libro.
5. El facilitador presidirá la reunión.
6. Los participantes identificarán y enviarán el programa de la reunión usando la función «chat» grupal.
7. El facilitador proyectará en una diapositiva el programa de la reunión para que los participantes evalúen sus respuestas.
8. Los participantes escribirán usando la función «chat» grupal las preguntas de evaluación
9. El facilitador proyectará las preguntas de evaluación para la autocorrección de los participantes.

Módulo 9: Las escuelitas de predicadores y el Encuentro anual de predicación (sesión individual)

1. Leer el capítulo 4 del manual «como enseñar a predicar» y responder las preguntas al final del capítulo.

2. Enviar la respuesta a la pregunta 1 al equipo responsable del curso.
3. Escribir y enviar preguntas surgidas por la lectura al equipo responsable del curso para responderlas en el siguiente módulo.

Cuarta semana

Módulo 10: Profundización del módulo anterior y práctica de dirección de una escuelita (sesión plenaria)
1. Orar la palabra: Lucas 11.1
2. Breve reflexión: Jesús promueve el aprendizaje
3. Seleccionar, ordenar y proyectar las preguntas enviadas del módulo anterior.
   - Los participantes responderán primero.
   - El facilitador responderá al no hacerlo correctamente ningún participante.
4. Practicar la dirección de escuelitas.
   - Formar escuelitas de alrededor de 5 personas usando la función «sesión de grupos».
   - Cada escuelita escogerá un coordinador, un predicador y quien presente un breve resumen del último libro cristiano que haya leído.
   - La predicación no durará más de 5 minutos y el resumen del libro no más de 3 minutos.
   - Cada grupo evaluará el desempeño del coordinador en función del programa de la reunión, dándole especial atención al manejo de las preguntas de evaluación.

Módulo 11: El perfil del coordinador del grupo pequeño (escuelita), el perfil de los participantes de una escuelita (sesión individual)

1. Leer reflexiva y autocríticamente el decálogo del coordinador en la página 55 del libro «Cómo enseñar a predicar».

2. Volver a enumerar el decálogo del coordinador, colocando 10 a tu mayor fortaleza, 9 tu siguiente mayor fortaleza y así sucesivamente hasta llegar a 1 que sería tu mayor debilidad. Una vez hecho esto, ten un tiempo en silencio y agradece a Dios por tus fortalezas y pídele que te muestre maneras prácticas en que puedas trabajar respecto a tus debilidades.

3. Leer en la página 54 del libro «Cómo enseñar a predicar» el perfil de las personas que deben conformar una escuelita de predicación.

4. Escribir el nombre de tres personas que sabes que cumplen este perfil, como potenciales candidatos para formar una escuelita de predicación.

Módulo 12: Clausura (sesión plenaria).
1. Orar la palabra: texto libre. El predicador invitado propone el texto.
2. Predicar en vivo: Jesús planifica su crecimiento.
3. Ministración.
4. Invitación a asumir el compromiso de ser un coordinador de un grupo de formación de predicadores (escuelita de predicación)
   ♦ Expresarán su compromiso vía «chat». Se llevará el registro.
5. Entrega de obsequio: libros virtuales de predicación.
6. Actividades futuras.

Preguntas

1. *¿Cuál es la mayor fortaleza de este capítulo?*

____

____

____

____

____

____

____

2. *¿Cuál es la mayor debilidad de este capítulo?*

____

____

____

____

____

____

____

3. *¿Qué añadirías o quitarías de este capítulo?*

____

____

____

____

____

____

____

Capítulo 8

Cómo coordinar un grupo para la formación de predicadores aprovechando la plataforma Zoom

Materiales complementarios

Los materiales que a continuación revisarás fueron desarrollados por el equipo Latinoamericano de Langham Predicación, del cual tengo la dicha de ser parte. Estos cinco boletines fueron insertados en una serie más grande llamada «Ayudas» bajo la responsabilidad del área de capacitación del ministerio de Langham Predicación a nivel mundial.

Fueron elaborados para los «coordinadores», los cuales han asumido la tarea de conducir un proceso de formación de predicadores a través de reuniones frecuentes con un número pequeño de personas, quienes han decidido crecer juntos como expositores de la Palabra de Dios.

El término «escuelita virtual» de predicación se utiliza para enfatizar el requisito que todos los participantes sean enseñables y debido a la pandemia las reuniones se realizan en modalidad on-line.

Ayuda # 81: Escuelita virtual (Parte 1)

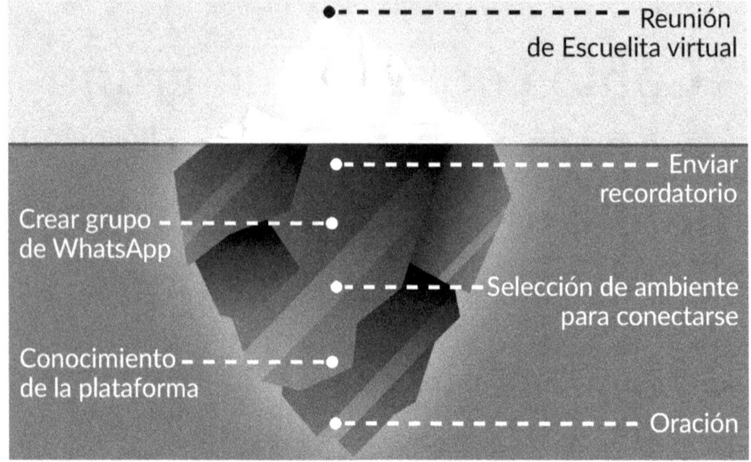

¿Cómo se prepara el coordinador?

Durante las próximas Ayudas presentaremos los papeles que juega un coordinador de Escuelita cuando la realiza virtualmente. ¿Cuál es el primero? El coordinador se prepara (Esdras 7.10) y prepara la reunión.

La pandemia nos ha forzado a reinventarnos para continuar con nuestro llamado en un mundo digital. Este tiene sus propias características y desafíos. A continuación, siete sugerencias:

1. Ora por una fructífera experiencia de aprendizaje y una buena conectividad para todos.

2. Maneja las funciones de la plataforma virtual elegida para la reunión.

3. Anticipa imprevistos. Por ejemplo, la ausencia del predicador y/o fallas en tu conexión o en la de los participantes.

4. Conéctate en un lugar privado y sin interrupciones y anima a los participantes a hacer lo mismo.
5. Crea un grupo para los participantes en una red social (WhatsApp) para convocar a las reuniones, compartir recursos y tareas.
6. Invita al encuentro con anticipación, comunicando claramente el horario.
7. De ser posible, invierte en mejorar tu conectividad a internet y anima a los participantes a que hagan lo mismo.

¿Por qué es importante la preparación? ¿Dirías que tu cultura privilegia la preparación o tiende a la improvisación?

Dios no improvisa. Lee Isaías 40.3, 4 y Mateo 3.3.
¿Cuál era la tarea de Juan el Bautista anunciada por Isaías con tanta anticipación?

El Señor Jesús se preparaba para su misión. Marcos 1.35-39.
Relata su decisión de ir por toda Galilea a predicar, porque para esto le envió el Padre. ¿En qué consistió su preparación, según el verso 35? Si Jesús necesitaba prepararse en oración, cuánto más nosotros.

Jennifer Cuthbertson,
Coordinadora para la capacitación de facilitadores

Ayuda # 82: Escuelita virtual (Parte 2)

¿Cómo preside un coordinador?

El éxito o el fracaso de una Escuelita, depende de una apropiada dirección.

La Biblia enseña: «El que Preside, hágalo con solicitud» (Rom.12:7). Para dirigir con diligencia, esmero y todo cuidado una sesión virtual de escuelita, ten en cuenta las siguientes pautas:

1. Asigna antes de la reunión el mayor número de aspectos de la agenda para agilizar su desarrollo.
   Por ejemplo, el encargado de predicar puede enviar previamente el sermón a los integrantes de la escuelita, para que éstos puedan ofrecer sus comentarios.

2. Espera el tiempo acordado (5-10 minutos) para iniciar la reunión, procurando que todos se conecten.

3. Administra bien el tiempo de las intervenciones, estimulando la participación de todos, deteniendo amable, pero firmemente a quien se pasó del tiempo asignado.
4. Añada valor al predicador y a cada uno de los participantes de la sesión, propiciando una evaluación objetiva, fraterna y pastoral.
5. Cierra la reunión con un resumen de lo tratado.
6. Asigna los privilegios (tareas) para la próxima reunión.
7. Si el tiempo lo permite, oren por las necesidades de los participantes.

¿Cómo describirías la manera en que los líderes presiden (dirigen) en tu cultura, iglesia o ministerio?

El líder/coordinador preside su Escuelita siguiendo el modelo de Jesús

Lea Juan 17:1-26 en varias versiones y encuentra por lo menos 3 maneras que Jesús usó para presidir su «escuelita». P. ej., Jesús guio a sus discípulos para que conozcan mejor a Dios. «A los que me diste del mundo les he revelado quién eres...» (v. 6). ¿Cómo podrías aplicarlas al dirigir tu escuelita?

Jennifer Cuthbertson,
Coordinadora para la capacitación de facilitadores

Ayuda # 83: Escuelita virtual (Parte 3)

¿Cómo promueve el aprendizaje un coordinador?

Dime y lo olvidaré, enséñame y lo recordaré, **involúcrame** y lo aprenderé. (B. Franklin).

¿Cómo usamos la plataforma zoom para promover el aprendizaje participativo?

1. *Orar la Palabra.* Que los participantes escriban sus oraciones usando la función «chat».

2. *Predicar la Palabra.* Visualizar los puntos principales del mensaje con diapositivas usando la función «compartir pantalla».

3. *Evaluar la predicación.* Para el efecto, se sujiere formar tres grupos usando la función «salones». El primero evaluará la fidelidad, el segundo la relevancia y el tercero la claridad; luego, escribir usando la función

«pizarra» las sugerencias de los participantes para mejorar la predicación.

4. ***Reporte de lectura.*** Usando la función «encuesta» presentar en varias frases cortas las verdades destacadas del capítulo del libro y que los participantes elijan la más relevante para ellos.

¿Cómo describirías la manera de promover aprendizaje en tu cultura, iglesia o ministerio?

Los apóstoles aprendieron a predicar de Jesús:
1. Orando
2. Predicando
3. Viendo a otro hacerlo
4. Recibiendo evaluación
5. En una atmósfera afectiva

Relacione los principios anteriores escribiendo el número correspondiente en los siguientes cuadros.

Mateo 10.7   [ ]
Lucas 5.16   [ ]
Juan 21.15   [5] (ejemplo)
Marcos 6.30   [ ]
Lucas 8.1   [ ]

Respuestas: Orando (Lc 5:16), predicando (Mt 10.7), viendo a otro hacerlo (Lc 8.1), recibiendo evaluación (Mr 6.30), en una atmósfera afectiva (Jn 21.15).

Jennifer Cuthbertson,
Coordinadora para la capacitación de facilitadores

Ayuda # 84: Escuelita virtual (Parte 4)

¿Cómo planifica su crecimiento un coordinador?

Todo coordinador tiene el desafío de crecer a la estatura de Cristo (Ef 4.11-13).

* **Revisa la Ayuda 81 (Prepara).**
Observa aspectos virtuales a desarrollar.

Ejemplo: define la agenda de tu próximo encuentro como manera de planificar tu crecimiento.

* **Revisa la Ayuda 82 (Preside).**
Identifica aspectos virtuales que puedes mejorar.

Ejemplo: comparte una encuesta evaluativa con el líder que te acompaña (Facilitador), recibe sus sugerencias, y aplica las mismas gradual y progresivamente para crecer en tu labor.

* **Revisa la Ayuda 83 (Promueve el aprendizaje).**
Analiza cuestiones virtuales a perfeccionar.

Ejemplo: graba un encuentro de tu Escuelita, compártelo con un Coordinador, y diseña con él una estrategia que te ayude a crecer en la práctica del aprendizaje centrado en el estudiante.

¿Es habitual que un predicador planifique su crecimiento? ¿Qué indica ello?

En los pasajes que siguen, identifica en qué modo Jesús planificó su crecimiento y llena los espacios en blanco:

1. Marcos 1.11 – Cultivando un vínculo cercano con su Padre
2. Marcos 1.35-39 – Consultando al Padre ________ importantes
3. Mateo 4.1-10 – Dando un lugar______
4. Hebreos 5.7-8 – ______indicaciones______

Respuesta 2: sus decisiones; 3: central a la Palabra de Dios; 4: Obedeciendo las… del Padre

Jennifer Cuthbertson,
Coordinadora para la capacitación de facilitadores

Ayuda #85: Escuelita virtual (Parte 5)

¿Cuál es el papel que juega el coordinador?

María conversaba amenamente con José sobre cuán útil había sido el taller para nuevos coordinadores de «Escuelitas» (Ayudas 81-84). José la interrumpió. Pero ¿qué es lo que realmente hace un coordinador?

Muy emocionada respondió: Aprendimos que hay cuatro tareas del coordinador y es fácil recordarlas por que empiezan con la letra P.

Primero, **prepara** en oración la agenda. Luego, **preside** la reunión, como el apóstol Pablo diría en Ro 12.8, «con solicitud». Esto implica tener clara la agenda de la reunión: oración de la Palabra; una exposición bíblica realizada por un participante del texto que se ha orado, comentarios a la prédica y luego estudio de un tema alusivo a la predicación.

Suena muy interesante, dijo José. Y ¿en qué consiste la tercera p? Un coordinador **promueve el aprendizaje** y para ello organiza una serie de actividades para que todos aprendan activamente, reflexionando. Y finalmente, un coordinador **planifica cómo crecer** en estas áreas. José, muy agradecido, le dijo: ¿Me aceptarías en tu Escuelita?

¿Qué es lo que más recuerdas sobre cómo el coordinador de tu Escuelita dirigía las reuniones?

Repasar es recordar, recordar es retener.

Jesús les anticipó a los suyos: «… más el Consolador… el Espíritu Santo… él os recordará todo lo que yo les he dicho» Jn 14.26.

Según la enseñanza del Señor Jesús, ¿cuál es una de las tareas del Espíritu Santo?

¿Puedes repetir de memoria los cuatro roles del coordinador?

Jennifer Cuthbertson,
Coordinadora para la capacitación de facilitadores

Predicar frente a una cámara con un auditorio vacío

(versión corta)

¿Cómo exponemos la Palabra de Dios cuando nuestra voz o imagen será trasmitida en vivo a través de la fría cámara de un celular o equipo de video, o serán grabadas y editadas para su posterior presentación? A continuación, algunas recomendaciones:

1. Sé breve

Un buen promedio de tiempo para predicaciones a través de una pantalla es de 15 a 25 minutos y, si es menos, mejor. Un consejo es exponer porciones bíblicas cortas.

2. Sé auténtico

Las personas que te ven y oyen a través de una pantalla deben sentir que sigues siendo el mismo que predica frente a ellos en la iglesia.

3. Mira la cámara

Mantén tu mirada en el lente de la cámara y no en tu imagen proyectada en la pantalla, si estás grabando con un celular.

Así tu comunicación será más cálida y personal. Si usas notas, escríbela con letras suficientemente grandes para ser leídas al ubicarlas lo más cerca de la cámara, evitando así bajar constantemente el rostro si tienes tus notas debajo de tu cabeza como tradicionalmente se hace. Ubica a una persona real o imaginaria detrás de la cámara a quién mires durante tu predicación.

4. No mires siempre a la cámara

Intercambia vistas de frente y perfil a lo largo de tu presentación. De vez en cuando, mientras predicas, gira el rostro hacia un lado levemente por algunos segundos para luego volver a mirar al lente de la cámara. También puedes grabar con dos cámaras fijas o una fija y otra móvil con edición previa a su trasmisión.

5. Incluye imágenes

De ser posible, proyecta en la pantalla diapositivas y fotos para respaldar los componentes (ej. bosquejo) y/o contenidos (ej. ilustraciones) de tu predicación.

6. Amplifica tus gestos

«Exagera» sabia y moderadamente la magnitud de tus gestos, para verse mejor al ser proyectados a través de una pantalla, sobre todo, si es tan pequeña como la de un celular. Imagina que estás en una habitación muy grande hablándole a una persona que está al extremo opuesto de donde te encuentras. Esto de ningún modo implica gritar.

7. Evita interrupciones y distracciones

Si hay personas presentes en el lugar de la grabación, avísales cuando estés a punto de comenzar para que guarden silencio. Usa preferiblemente ropa de color entero.

8. Mírate a ti mismo

Evalúa las predicas que grabas. Presta atención a tus virtudes y falencias que necesitan ser corregidas. De manera especial, observa tus expresiones faciales, movimiento de ojos y manos, manejo de la voz y el uso de muletillas. Podemos también aprender de otros predicadores con más experiencia.

9. De la cámara a toda la tierra.

Emplea un lenguaje y estilo de comunicación comprensible por auditorios no religiosos. Es probable que tu mensaje sea trasmitido más allá de las personas para quienes lo preparaste originalmente.

10. Predica la Palabra de Dios.

Predica frente a la cámara con la convicción y seguridad de quien ha sido llamado por Dios, enviado por Jesucristo y empoderado por el Espíritu para esta gloriosa tarea. «Los templos pasarán, pero la Palabra de Dios siempre permanecerá».

Narrativa bíblica

[1] Los textos narrativos aparecen a lo largo de toda la Biblia. Casi la mitad de la Sagrada Escritura es narración. La narrativa, aunque también poética, tiene sus características propias que la distinguen de la poesía propiamente dicha. Los relatos tienen personajes, diálogos, tiempo, escenario, principio, trama, fin. Los relatos bíblicos son en general muy bien contados; por eso son fáciles de recordar: la historia de José, los relatos de Sansón, Saúl, David y Salomón, el profeta Jonás, las historias de Jesús en los evangelios, los Hechos de los Apóstoles, y muchos otros.

[2] Los acontecimientos que se narran en sucesión a lo largo de un período de tiempo constituyen la trama. El que un relato sea corto o largo depende del número y la extensión de las complicaciones en la trama. Esto determinará que los personajes estén más o menos desarrollados y su grado de complejidad. Tantos detalles tienen algunas historias bíblicas que han sido llevados al cine, pero como ninguna tiene los detalles suficientes para una película, terminan siendo objeto de muchas especulaciones, algunas de ellas mejor informada que otras.

[3] En cuanto a la estructura, existen diferentes tipos de relato. Los más cortos y sencillos tienen principio, complicación y

desenlace; en estos la distancia entre el problema y la solución es bastante corta; así son la mayoría de los relatos del profeta Eliseo en 2 Reyes y los de Jesús en los evangelios. Pero, cada relato forma parte de una historia mayor. Los relatos más completos, con una estructura llamada quinaria, se componen de una situación inicial, inicio del conflicto, conflicto, resolución del conflicto y situación final. Un ejemplo de esto es la historia de Naamán, pero con complicaciones adicionales (2R 5). Adicionalmente, entre los rasgos de la estructura narrativa bíblica sobresalen la repetición, el quiasmo, la palabra clave, el juego de palabras y la inclusión (repetición de un término o tema al inicio y al final).

[4] Todo relato se escribe desde un punto de vista, de una forma particular, para alguien, con un mensaje y con un propósito. Es decir, en un relato alguien le cuenta algo a alguien para que haga algo. Por lo tanto, a la hora de interpretar los relatos bíblicos, todos estos aspectos deben tenerse en cuenta. Lo que se aplica al estudio de la narrativa en general, se aplica también a los relatos bíblicos por la sencilla razón de que son literatura.

[5] Hay dos extremos que se deben evitar en la lectura de los relatos: considerarlos como ficción o como «historia pura». Si bien los relatos bíblicos no son «historia pura», sí se observa en ellos una intención histórica combinada con una intención teológica. Tampoco es que sean una combinación de historia y ficción. Se trata de relatos escritos desde una perspectiva teológica. Los contenidos de los relatos bíblicos se refieren a hechos históricos concretos, tienen un contenido teológico, y son revelación de Dios y su palabra. Sin embargo, la Biblia contiene relatos ficticios, incluyendo algunas de las historias contadas por Jesús. Es decir, la ficción también es propicia para instruir y para hacer teología.

[6] Una historia bien contada tiene la posibilidad de que se la recuerde. Por eso recordamos los relatos bíblicos, los cuales no son «cosa de niños», como se piensa a veces. Todo predicador y maestro de la Biblia conoce el poder comunicativo que tienen los relatos bíblicos; en ellos hay un enorme tesoro para la instrucción de los creyentes.

[7] Cuando leemos la Biblia, especialmente la prosa, tenemos la tendencia a ignorar al narrador, a la persona que nos está contando la historia. Aunque creemos que el escritor bíblico es inspirado por Dios, debemos reconocer que la inspiración no es un proceso mecánico. El narrador toma varias decisiones que determinan cómo nos va a contar la historia: selección de qué se incluye y qué se descarta, punto de vista, personajes principales y secundarios, estilo literario, y otros. Ejemplo claro de esto resulta de comparar el material común en los libros de Samuel y Reyes con Crónicas, y los evangelios sinópticos (Mateo, Marcos y Lucas).

[8] El estudio de la Biblia se puede enriquecer con las diferentes lecturas conocidas en la actualidad, pero en todo caso debemos procurar entender la perspectiva del escritor bíblico. Podemos estar en desacuerdo con la teología de texto y su autor, pero no tenemos la libertad de cambiar el texto.

[9] El punto de vista desde el que se cuenta una historia es importante por varias razones: nos da una visión unificada de múltiples componentes en el relato; determina qué se cuenta y cómo; identifica qué recursos narrativos y retóricos se usan para captar la atención del lector y mantener su interés. Todo esto sirve para identificar el estilo de un autor. Además, los textos narrativos tienen la capacidad de involucrar al lector en la trama, evocar sentimientos y emociones. La capacidad comunicativa de un relato depende en buena medida de la habilidad del narrador para escoger el punto

de vista desde el cual nos cuenta la historia y nos involucra en ella.

[10] Cuando uno lee algunos detalles íntimos en un relato bíblico nota la sensibilidad teológica y literaria de los autores. Esta información íntima incluye pensamientos de Dios y de algunas personas. Por ejemplo, en el caso de Dios, que no es tan común, nos encontramos que Dios toma decisiones y ejecuta acciones, Dios piensa, Dios siente.

[11] Gn 6.6 afirma que a Dios le pesó (se arrepintió de) haber creado al hombre en la tierra. El v. 8 del mismo capítulo nos presenta la apreciación que Dios hace de una persona: Noé halló favor ante los ojos de Dios. De David se dice lo contrario en un momento de su vida, que al Señor le disgustó lo que David había hecho (2S 11.27).

[12] Al inicio de 1 Reyes encontramos detalles de la vejez de David. El narrador sabe lo que sucede en su habitación privada, si se acuesta o no con la joven que buscaron para que lo calentara. Al mismo tiempo, nos informa de las conversaciones privadas y las argucias de los dos bandos que se están disputando el trono que dejará David vacante.

[13] En 2R 5.11 el narrador nos hace partícipes de lo que Naamán va pensando, para explicarnos el motivo de su enojo por las instrucciones de Eliseo para que se sane de la lepra. Con todo esto, no queremos decir que el narrador bíblico está permanentemente diciéndonos qué pensó Dios o algún otro personaje de los relatos. Simplemente queremos mostrar que el fenómeno ocurre.

[14] Hay narradores que saben todo y están presentes en todas partes; algunos comentan y evalúan los hechos, otros simplemente cuentan; hay narradores de lejos y narradores cercanos a los hechos; algunos hablan desde afuera y otros como si fueran parte de los personajes de la historia (Lucas en

los Hechos). La observación de todos estos detalles sin duda enriquece el estudio de la Biblia.

[15] De los textos narrativos bíblicos aprendemos la información y las enseñanzas que dejan a los lectores. De estas historias los maestros y predicadores también pueden aprender cómo se cuenta una historia y adaptarlo a las formas propias de cada cultura de contar historias. Buena parte de la importancia de los relatos radica en que son los únicos que pueden darle identidad a una comunidad. Contar no es sólo trasmitir información, es el arte de construir un mundo que tiene sus códigos y sus reglas de funcionamiento. Por eso su centralidad en la Biblia. De modo que aprender a contar las historias bíblicas es también cosa de adultos. Siempre habrá que prestar atención a lo que dice el relato y a la forma como lo dice.

Milton Acosta Benítez

www.ingramcontent.com/pod-product-compliance
Lightning Source LLC
LaVergne TN
LVHW010236200726
843506LV00014B/2995